大六壬金口訣

實學實用全冊

雲易揚●著

圓方出版社

「鑽研易學，修習奇門，繼而進入儼如萬花筒般的大六壬，
方知造物者的大設計如此精妙絕倫，至善至美盡在其中。」

雲易揚

雲易揚 *Yún Yì Yáng*

從事設計工作二十多年，從平面、立體、空間及攝影世界中認識陰陽易學，遇到恩師浩瀚道長，踏入道門始知天命，得到奇門遁甲及大六壬的傳承，運用古文明智慧輔助建築及室內設計業製造出最佳格局。2023年創立奇門在此，承先啟後，廣結善緣。

- 師承正一教南崑山浩瀚道長
- 寧瑪噶陀教主蔣揚法王

- 2009年十大華人易學名師名家
（*北京建工建築設計院建築文化研究所頒發*）
- 奇門在此（香港）創辦人
- 現任浩瀚天龍蓮會（香港）副會長
兼任道家功法、奇門遁甲、大六壬、風水等術數導師
- 中國龍虎山嗣漢天師府高功法師
- 中國龍虎山嗣漢天師府祝由道醫
- 中國龍虎山道教學院客席講師

出版著作：

- 2025.03　奇門遁甲實學實用全冊
- 2025.05　大六壬金口訣實學實用全冊

書刊編委

- 2021.06 | 奇門遁甲 | 雲昭
- 2021.09 | 大六壬金口訣 | 雲昭
- 2021.09 | 紫微斗數 | 雲昭
- 2021.12 | 奇門遁甲 | 羅星
- 2022.04 | 奇門遁甲 | 雲彤
- 2023.09 | 九宮飛星 | 雲昭
- 2024.03 | 九宮飛星 | 羅星
2024.11 | 奇門在始 | 雲素蕎
- 2024.12 | 九宮飛星 | 雲嫿

道教祖庭中國龍虎山嗣漢天師府天師殿 • 高功法師雲易揚

雲易揚（前排右五）應道教祖庭之邀請，擔任龍虎山道教學院客席講師，傳授奇門遁甲風水學。

大六壬金口訣

目 錄

金口直斷21例

前言

「大六壬金口訣」又稱孫臏預測學。相傳孫臏是戰國時期齊國的軍師、兵聖孫武的五代孫，師從鬼谷子，不僅精通兵法，還精通術數、日月星象，占往察來，盡在掌握。「金口訣」預測之所以應驗如神，是因為它在易學理論和演繹方面別具一格，自成體系，以簡馭繁，深藏奧理。正因為如此，「金口訣」被古人視為絕術奇技，法不輕傳，僅為極少數人所擁有，無論是明代的《永樂大典》或清代的《四庫全書》都沒有記載，足見其隱藏之深。「金口訣」的預測方法是對天干、地支、月將、貴神進行立課推演，根據天、地、人三才觀念，把天體和地球的運轉規律與事物發展變化有機地結合在一起，利用五行生剋制化原理，推測事物發展趨勢和相對的結果，從而達到趨吉避凶的目的。只要你用心研讀此書，日久必有大得。

大六壬金口訣
實用資料摘要

1// 大六壬五行生剋圖

金
水
木
火
土

傳送
從魁
玄武
天后
登明
神后
大沖
功曹
六合
青龍
勝光
太乙
螣蛇
朱雀
勾陳
天空
貴神
太常
天罡
河魁
大吉
小吉
白虎
太陰

月將
神將
地支
天干

申 酉
壬 癸
亥 子 卯 寅
乙 甲
午 巳
丙 丁
戊 己
辰 戌 丑 未
庚 辛

生
剋

2 // 大六壬五行/應期圖

火	巳	太乙	螣蛇	9-11時	2013 2025 • 四月
火	午	勝光	朱雀	11-13時	2014 2026 • 五月
土	未	小吉	太常	13-15時	2015 2027 • 六月
金	申	傳送	白虎	15-17時	2016 2028 • 七月
金	酉	從魁	太陰	17-19時	2017 2029 • 八月
土	戌	河魁	天空	19-21時	2018 2030 • 九月
水	亥	登明	天后	21-23時	2019 2031 • 十月
水	子	神后	玄武	23-1時	2020 2032 • 十一月
土	丑	大吉	貴神	1-3時	2021 2033 • 十二月
木	寅	功曹	青龍	3-5時	2022 2034 • 一月
木	卯	太沖	六合	5-7時	2023 2035 • 二月
土	辰	天罡	勾陳	7-9時	2012 2024 • 三月

＊ 月份為農曆曆法。

3// 十天干象意

甲首　陽木

特徵

開始　第一　高級　名貴　保衛　靠山　裝假　具影響力　有代表性
外強中乾

大自然

東方　春天　早晨　晴天　春風　風　綠色　青色

動物

熊貓　獅子　老虎　鯨魚　娃娃魚　國家受保護動物　鱟　龜
穿山甲　甲蟲　蝦　蟹　蜆　螺貝類

植物

大樹　高樹　金絲楠木　崖柏　稀有植物　名貴植物　國花　區花
玫瑰　蓮花　梅　蘭　菊　竹

食物

酸味食品　高級食材　罐頭　包裝食品　核桃　腰果　花生　松子
堅果類　豆類　甲殼類　椰子　檳榔

靜物

神像　國徽　金銀珠寶　玉器首飾　頭飾　古董　文物　鋼琴　豎琴
古琴　甲骨文　象形文字　甲冑　盾牌　防彈裝備　防毒面罩　刀劍
車、船防護外殼　外套　牙套　拳套　保溫瓶　保暖衣　口罩　帽子
頭盔　棺材　文件夾　公文袋　包裝盒、罐、袋、紙　香爐　大床

景物

高樓大廈　電視塔　煙囪　高柱　紀念柱　頒獎台　高亢之地　金礦
油礦　樹林　首都　首府　文化場所　皇宮　豪宅　幼兒園　學校

神物

佛祖　道祖　菩薩　達摩祖師　呂山法祖　女媧　伏羲　炎帝　龍

人物

皇帝　總統　主席　首領　元帥　文官　武士　名人　董事長　校長

老師　長輩　樂團指揮　冠軍人物　種子運動員　棟樑之材

人物外表

身形修長　高直　高瘦　國字臉　皮膚青白　粗眉　雙目有神

體格強健

人物性格

威嚴　自負　獨斷　頑固　虛偽　敦厚正直　心高氣傲　處變不驚

有條不紊

人體

頭　頭髮　皮膚　臉　眼　指甲　腳甲　大拇指　腳趾公　肝　膽　筋

乙奇　陰木

特徵

柔軟　柔弱　彎曲　轉彎　轉折　糾纏　依附　有氣無力
文化藝術　曲折的希望

大自然

東方　春天　早晨　晴天　風　月亮　彩虹　綠色

動物

毛蟲　蚯蚓　蟮　海參　蛇　轉彎的條狀動物　孔雀　天鵝　山雞
漂亮有藝術成分的鳥類　蝴蝶　飛蛾　兔子

植物

花　草　矮小樹木　矮小果樹　柳樹　豆苗　瓜苗　菜苗　菩提苗
爬牆虎　牽牛花　龍爪槐　藤蔓植物　冬蟲夏草　中藥

食物

魚類食品　蔬菜類食品　麵條　粉條　粿條　粉絲　藥膳　素菜
食用花　果雕　伴菜　葫蘆瓜　香腸　臘腸　鵝肝　乳鴿

靜物

藝術品　工藝品　布藝品　木雕　圖畫　太師椅　設計師椅
雕樑畫柱　門　窗　桌　椅　床　水管　喉管　排氣管　水龍頭
飲管　葫蘆　絲綢　絲帶　彩帶　絲帶花　蝴蝶結　裝飾品　香水
香體膏　香薰　香精

景物

花園　公園　草地　樹林　隧道　通道　樓梯　行人天橋　小木橋
畫廊　藝術館　圖書館　園藝社　中醫館　中藥行　温室　水耕農場
果園　美容院　幼兒園

神物

水月觀音　騎龍觀音　峨眉祖師　嫦娥　華陀　龍　鳳凰　仙鶴

人物

女人　元配　妻子　小孩　中醫　醫生　護士　幼兒園教師　藝術家　花藝師　園藝師　畫家　設計師　室內設計師　美容師　藝人　作家　傭人　替工

人物外表

身形修長　身材苗條　瘦小　弱小　有氣無力　皮膚青白　微駝身　長臉　彎眼　兔牙

人物性格

温柔體貼　仁慈　包容　敏感　猶豫　依賴　自私自利　小器　膽小　逆來順受　無理取鬧　沒有主見

人體

頭髮　眉毛　肝　膽　手　足　肩　頸　腸　血管　神經　淋巴　陰道　陰莖　輸精管　輸卵管

丙奇 陽火

特徵

亂子 爭鬥 權力 雄威 剛猛 亂後的希望 光明 火熱 圓形 片狀 球狀 空虛 不長久 文書 政治

大自然

南方 夏季 晴天 中午 太陽 炎熱 強火 光 紅色

動物

馬 驢子 公牛 野豬 公雞 衝動型的動物 豬 河馬 河豚 海牛 海象 體形圓潤的動物 蟋蟀 鬥魚 火烈鳥 朱鷺 紅蟹 血鸚鵡

植物

一品紅 大紅花 映山紅 火球花 木棉花 芙蓉葵 紅掌 大花葱 西瓜 南瓜 白瓜 紅瓜 帶柄生果或瓜類

食物

蘋果　橙　火龍果　山竹　西紅柿　紅色生果　蛋黃　湯圓　炸甜圈

煎堆　薯片　炸蝦片　餅乾　水泡餅　薄餅　大肉包　月餅

靜物

煤　炭　灶　火爐　燒烤爐　焗爐　煤氣爐　大炮　炸彈　手榴彈

火箭　球場燈　大光燈　紅燈籠　變壓器　壓力煲　車頭燈　喇叭

手碟　鼓　鑊　平底鑊　餐碟　圓桌　眼鏡　望遠鏡　天文望遠鏡

電視　電話　乒乓球　足球　籃球　呼啦圈　水泡　輪呔

景物

廚房　電站　電廠　煉鋼廠　化工廠　光猛之地　向陽之地

不長草高地　高嶺　陽台　球場　戰場　賽場　電競館　鬥獸場

神物

炎帝　祝融　關公　紅孩兒　火鳳凰　火麒麟

人物

有領導能力的人　政治家　官員　將軍　有權力的人　公安　警衛
執法者　脾氣暴直之人　義士　代工　男子漢　男性第三者
煉鋼工人　電廠工人

人物外表

短髮　髮質粗硬　染紅髮　小鬍子　圓臉　面色紅潤　白裏透紅
艷麗　體形豐滿

人物性格

勇猛強悍　有正義感　性情暴躁　急性子　霸道　愛欺負人
缺乏耐力　佔有慾強　虛榮　空虛

人體

眼睛　唇　心臟　血液　血小板　小腸　臀部　腫痛　發炎　熱症

丁奇　陰火

特徵

直接的希望　鋒利　缺口　閃光　閃亮　快速　帶刺　頂尖　突出
尖銳　執着　小粒狀

大自然

南方　夏天　早晨　晴天　星星　星光　磷光　紅色

動物

黃蜂　馬蜂　竹蜂　蜜蜂　蜂鳥　啄木鳥　蚊　蒼蠅　牛虻　跳蚤
蠍子　蝦　刺蝟　箭蛙　蛇　螢火蟲　螢光魚　安康魚　夜光藻
烏賊　水母

植物

松樹　棗樹　柚子樹　仙人掌　蘆薈　月季　玫瑰　夜光樹　燈籠樹
榛子　板栗　小麥　小米　小豆

食物

紅毛丹　榴槤　大樹菠蘿　蓮子　川貝　紅棗　杞子　紅豆　綠豆
鷹嘴豆　士多啤梨　葡萄　紅石榴　紅椒　香煙　雞丁　肉丁　紅酒

靜物

身份證　住户證　車票　單據　刀　槍　子彈　劍　箭　針　注射器
小刀　手術刀　剪刀　釘子　圖釘　圖書　圖畫　簽名　證件　證書
合約　簡單文件　票據　蠟燭　香火　煙火　燈火　打火機　電筒
熱水器　電熱水袋　充電器　電話　小電器　電子產品　酒杯　珠子

景物

屋頂　屋簷　屋角　廚房　塔　尖塔　避雷針　斜路　十字路口
路口　牆角　公證處　登記處　售票處　燈飾店　香燭店　捐血站

神物

燃燈佛　何仙姑　電母　龍女　灶君　朱雀

人物

少女　後代　子女　情人　玉女　第三者　歌星　燈光師　妓女

售票員　驗票員　牙醫　抽血員　漂亮之人

人物外表

額寬　瓜子臉　髮質幼長　皮膚粉白　秀麗清高　櫻桃小嘴

目光銳利　愛露齒

人物性格

主觀　柔弱　小鳥依人　和順而有心計　體貼　細心　牙尖嘴利

説話咄咄逼人　守株待兔　觀察力強

人體

心臟　眼　嘴　乳頭　牙齒　細骨　陰莖　血液　血壓　血管　骨刺

紅疹　青春痘

戊儀 陽土

特徵

土地　高物　包容　中正　規矩　厚德載物　速度慢　金融　經濟
錢財　資本　房地產　風水　地理

大自然

五黃中土　西南方　四季　陰天　雲　厚雲　雲彩　霧　黃色

動物

大象　河馬　熊貓　豬　牛　企鵝　田鼠　土撥鼠　田雞　牛蛙　駱駝
土狼　山狗　沙鼠　角羊　鴕鳥　樹獺　樹熊

植物

多肉植物　大葉植物　番薯　木薯　紅薯　馬鈴薯　芋頭　山藥　芭蕉
紅蘿蔔　青蘿蔔　白蘿蔔　西瓜　南瓜　青瓜　矮瓜　木瓜　冬瓜

食物

肉乾　肉丸　肉扒　肉腸　肉包　方包　大包　蔗糖　冰糖　沙糖
各式糖果　甜品　蛋糕　包點　糕點　慕絲　布丁　忌廉　巧克力

靜物

實際不花巧的土製品　陶製品　瓷製品　碗　碟　杯　盆　缸　水泥
花泥　地磚　牆磚　牆布　牆紙　地毡　地墊　瓦片　瓦頂　金錢
貨幣　水晶　瑪瑙　玉器　陶笛　錢袋　錢包　手提包　書包　背囊
公事包　旅行箱　包袱　購物袋　貯物箱　收納器　貨櫃

景物

牆壁　橫樑　大廳　起居室　未裝修的房間或建築物　中介所
中央地帶　房屋　田基　水泥廠　造磚廠　地皮　無水土地
黃沙萬里　小山崗　高山　墳地　陵園　四合院　銀行　房管局

神物

彌勒佛　地藏王　茅山祖師　財神　土地公　龍　三腳蟾蜍

人物

銀行從業員　採礦從業員　金融顧問　地產經紀　媒人　中介人
傳銷商　老人　農民　會計　地產商　農副產品經營者

人物外表

體形肥胖　厚肉　外形敦厚　走路緩慢　皮膚黃白　方形臉
土頭土腦　衣著正規

人物性格

踏實　忠誠　待人寬厚　守時　守信　不變通　愚笨　憨直　向錢看
反應遲緩　不愛運動　心情沉重

人體

鼻　唇　臉　肌肉　皮膚　胸部　臀部　腹部　大腿　大腦　胃　脾
前列腺　糖尿　腫瘤

己儀 陰土

特徵

屈曲 卷曲 盤旋 曲折 不見光 慾望 邪念 策劃 籌備 廣告
創意 層層阻隔 歷史 記憶 打坐 氣功

大自然

西南方 中央 四季 陰天 陰濕 烏雲 黃色 淺黃色

動物

兔 貓 龜 鼠 休眠中的動物 蝸牛 章魚 蟒蛇 犰狳 穿山甲
食蟻獸 刺猬 象 捲尾猴 象鼻蟲 海馬 鸚鵡螺 田螺 海螺

植物

白千層 紅千層 洋葱 白菜 生菜 椰菜 捲心菜 豆芽 百合
菊花 蟹爪菊 蟹爪水仙 睡蓮 蕨菜 捲葉吊蘭 彈簧草 含羞草

食物

蛋卷　春卷　日式卷物　肉卷　花卷　銀絲卷　千層糕　千層麵
千層酥　奶酥　酥餅　螺絲粉　豆結　龍鬚糖　零食　雜食

靜物

陀螺　風車　風扇　摩打　電線　麵團　繩球　暖氣管　銅管樂器
百頁簾　旋轉滑梯　旋轉木馬　地球儀　渾天儀　象牙球　蒲團
睡袋　捲髮器　髮捲　穢物　髒衣籃　垃圾　垃圾袋　垃圾箱　糞便
馬桶　膠紙　花式膠帶　橡皮膠　矽膠胸墊　軟膠鞋墊　樹脂工藝品

景物

廁所　公廁　垃圾房　廢物收集站　膠樽回收箱　濕貨市場
濕地公園　歷史博物館　二手市場　下水道　地溝　低窪地　地下街
地下商場　色情場所　迴旋處　多層停車場

神物

女媧　伏羲　九天玄女　壽星公　孫悟空　諸葛武侯　蟠龍

人物

拜佛之人　瑜伽師　陶瓷工藝師　紡織工人　廣告人　公關　妓女

市場策劃員　項目策劃師　農民　服務員　清潔工　傭人　貓奴

人物外表

嘴臉內凹　身形單薄　身體彎曲　圓臉　嘴唇偏薄　兜下巴

聲音渾濁　瘦弱醜陋　憂愁之相

人物性格

謙虛　温順　聰明　喜沉思　吝嗇　寡言少動　心思細密　靈活多變

花花腸子　阿諛奉承　優柔寡斷

人體

神經　小腦　嘴　耳珠　肚臍　乳頭　肛門　腸　脾　胃　骸骨　皺紋

肉粒　肉瘤　腫瘤

庚儀 陽金

特徵

堅硬　剛強　超一流技術　技術過硬　無法攻破　阻礙　大阻隔　不通順　打鬥　戰爭　武術　屠宰

大自然

西方　秋天　傍晚　肅殺　雷電　雷擊　颱風　龍捲風　地震　海嘯　白色

動物

熊　鱷魚　鯊魚　獅子　老虎　巨蟒　毒蛇　狼　獵犬　山貓　野豬　藏獒　龜　穿山甲　甲蟲　蠍子　石頭魚　鮑魚　牡蠣　鱟　蟹　蜆

植物

百年古樹　巨杉　雪松　根幹粗大的樹木　桉樹　鐵樹　豬籠草　夾竹桃　白蛇根草　毒芹　顛茄　見血封喉　核桃　椰樹　榴槤

食物

雞蛋　鴨蛋　鴕鳥蛋　堅果　硬殼水果　鰹魚乾　法包　甘蔗　豬骨
牛骨　大閘蟹　皇帝蟹　螳螂蝦　龍蝦　死神辣椒　魔鬼咖喱
地獄拉麵　烈酒

靜物

重金屬　生鐵　鐵鑊　不銹鋼煲　金屬玻璃　金屬製品　大刀　牛刀
刀槍器械　弓箭　車輛　飛機　石頭　石磨　石獅子　石獸　石製品
碾子　門窗　車輛　火車　電車　大貨車　貨櫃　貨櫃車　坦克車
飛機　航空母艦　編鐘　鑽石　水晶　毒品

景物

鋼鐵廠　礦山　關卡　路障　收費站　崗嶺　土堆　鐵閘　城牆　石牆
石墩　道路　鐵路　廟宇　道觀　公安所　警衛室　監獄

神物

太白金星　孫悟空　雷公　尉遲公　秦瓊　張飛　白虎

人物

丈夫　軍人　警察　警衛　強盜　強人　義士　敵人　運輸工人

鐵道員　鋼鐵工人　龍虎武師　僧道　健身教練　本領高強之人

人物外表

身形修長　骨骼雄壯　外形威武　孔武有力　瘦長臉　皮膚白淨

人物性格

思覺敏銳　有魄力　有氣概　意志堅定　性格硬朗　手段兇殘　殘暴

獨來獨往　嚴重野蠻　不易接受他人意見

人體

頭骨　骨頭　肩　背　腰錐　肺　大腸　呼吸系統　皮毛　劇痛　癌症

辛儀　陰金

特徵

錯誤　問題　改革　創新　變化　轉換　轉折　關鍵　叛逆　犯罪
不平整　花樣多　粒狀物

大自然

西方　秋天　傍晚　露珠　雷電　雷聲　白色

動物

小老虎　蚤子　蚊　螞蟻　小蜘蛛　小蟑螂　變色龍　螢光魚　波斯貓
吉娃娃　臘腸狗　鬥牛犬　迷你豬　基因變異的動物

植物

穀　稻米　小麥　粟米　花生　小米　豆　米蘭　滿天星　茉莉
龍珠果　山稔　龍眼　葡萄　藍莓　染色鮮花　五彩臘梅　永生花

食物

芝麻 脆米 花生 朱古力豆 藥丸 玫瑰味葡萄 無籽西瓜
去毛奇異果 基因改造食品 精製肉 味精 牛肉精 豬肉精

靜物

小金屬 小石 金錢 金銀珠寶 寶石 珍珠 玻璃珠 耳飾 戒指
手鍊 項鍊 佛珠 玉器 工藝品 貴重物品 樹脂工藝品 骨瓷
小刀 剪刀 菜刀 凶器 鑰匙 螺絲 鐵釘 書釘 調音器
拾音器 獎牌 保險櫃 不銹鋼門窗 水泥 鋁材 工程塑料

景物

銀行 五金廠 五金店 首飾廠 金屬工藝品廠 化工廠 道路
監獄 看守所 懲戒所 再培訓中心 交通樞紐 調度室 控制室

神物

彌勒佛 孫悟空 哪吒 閻羅王 二郎神 鍾馗 門神 白龍馬

人物

革命者　改革者　不守規則者　經常犯錯的人　罪人　罪犯　兇手

管理員　監管人　鐵路調道員　航空調道員　調酒師　化學家

人物外表

長臉凹腮　身形修長　皮膚白嫩　吹火嘴　牙齒外露

人物性格

性格反叛　富創造力　易變　意志薄弱　虛榮心重　自我中心

温潤秀氣　説話很絕

人體

牙　小骨　頸錐　腰　肺　呼吸系統　睪丸　皮毛　骨刺　肉粒　屍體

骸骨

壬儀　陽水

特徵

移動　變動　流動　運輸　迷茫　智慧　遮蓋　蘊藏　繁殖　孕育
技術　數學　勇猛　熱烈　熱鬧　凶險　沒有規則

大自然

北方　冬季　晚上　雨天　下雪　結冰　寒冷　黑色　深藍色

動物

魚　珊瑚　龍蝦　螃蟹　海龜　螺貝　海星　海馬　海龍　海參　海膽
海綿　海蛇　水母　北極熊　海獺　海豹　海豚　鯨魚　鯨鯊

植物

荷花　水仙　海棠　水燭　浮萍　水葫蘆　水竹　冰菜　慈姑　馬蹄
水葱　水芹　菖蒲　苦草　菱角　海帶　海藻　蘆葦　馬鞍藤

食物

紫菜　水雲　魚蛋　章魚丸　花枝丸　魷魚絲　魚翅　花膠　海鮮
河鮮　海味　海蜇　生蠔　刺身　雪條　雪糕　刨冰　冷凍食品

靜物

淨水　自來水　冰　雪櫃　冰櫃　蒸餾水　蒸餾水機　水管　水喉
燈罩　窗簾　門簾　浴簾　蚊帳　床罩　被子　杯蓋　煲蓋　滅火筒
消防車　消防喉　消防用品　魚缸　釣魚工具　遊艇　遊輪　渡海小輪
船　車　貨車　旅遊車　火車　數獨機　計數機　術數書籍

景物

大海　江　河　湖　溪　瀑布　激流　運河　道路　澡堂　噴水池
魚池　泳池　水上樂園　海洋樂園　車站　機場　碼頭　娛樂場所

神物

六壬仙師　真武大帝　夏禹　姜太公　何仙姑　玄武　龍

人物

海員　船長　潛水員　浮潛者　海女　漁民　養殖工作者　孕婦
泳客　冬泳手　運輸工人　導遊　旅行者　司機　數學家　智者

人物外表

大眼睛　雙眼皮　皮膚稍黑　長髮秀眉　走路搖擺　八字腳

人物性格

適應力強　隨遇而安　聰明　熱情　勇敢　威嚴　柔順　任性　陰險
目標不明　善變　糊塗　風流

人體

眼睛　頭髮　腦　心臟　腎　膀胱　血管　血液　大動脈　動脈　神經
腳　瘻　痣　胎痣

癸儀　陰水

特徵

慢動　困難　被困　困境　管束　制約　痛苦　遲　有雜質　變化

下方　性　迷失　追討　陰私　暗昧不明　見戌為天羅

大自然

北方　冬天　晚上　下雨　細雨　陰濕　寒冷　黑色

動物

青蛙　彈塗魚　蝌蚪　蚯蚓　水蛭　龍蚤　椰子蟹　河蝦　泥鰍

泥艋　田螺　蜆　烏賊　八爪魚　比目魚　魚類　鵝　鴨　鷺　翠鳥

植物

水稻　西洋菜　通菜　生菜　菠菜　茼蒿　蓮藕　睡蓮　水仙　苦草

滿江紅　菱　蘋　芡實　水龍　燈心草　水耕菜　富貴竹　紅樹

食物

油　醬　醋　鹽　糖　味噌　湯水　粥品　糖水　汽水　牛奶　果汁
豆漿　酒　乳酪　芝士　腐乳　鹹魚　泡菜　納豆　豬紅　雞紅

靜物

液體　污水　油漆　機油　汽油　魚網　魚竿　水族箱　鞋　鞋墊
腳踏　水鞋　雨傘　雨衣雨帽　斗篷　傘裙　太陽傘　太陽眼鏡
太陽帽　太陽油　帳篷　紙尿片　衛生巾　口水巾　汗巾　色情漫畫
色情影片　性愛用品　塗鴉　顏料　低音號　低音提琴

景物

樓台　倉庫　地下水　地坑　池塘　廁所　公廁　糞池　沼澤　爛草地
泥濘　濕地　地井　水稻田　魚市場　濕貨市場　色情場所

神物

天后娘娘　媽祖　達摩祖師　姜太公　包青天　乞索之神　龍龜

人物

乞丐　小兒　釀酒師　調酒師　酒鬼　油漆工人　清潔工人　漁民
蠔民　淫蕩之人　性工作者　窮困之人　賢淑婦人　囚犯

人物外表

身形矮小　醜陋　皮膚黑　大眼　圓臉瘦肩　聲調不高　蓬頭垢面

人物性格

神經過敏　陰柔怕事　不能自主　多愁善感　淫蕩　愛哭　愛埋怨
鬼靈精　糊塗　迷失　缺德

人體

血液　尿液　精液　眼睛　眼淚　唾液　腎　女性生殖器　足　黑斑
黑痣　糖尿

4// 十二地支象意

子 陽水

特徵

流動　不實　神秘　虛假　休止　影像　貪污　盜竊　桃花　謊言
玄學　深奧　智慧　賭博　旅遊　退休

大自然

北方　冬季　晚上　雨天　下雪　影子　黑色　深藍色

動物

老鼠　水母　魚　蝦　蟹　海龜　珊瑚　海綿　海星　章魚　蛇　貓
蝙蝠　貓頭鷹　穿山甲　果子狸　海龜　變色龍　寄居蟹　蝸牛

植物

水葫蘆　富貴竹　蘆葦　紅樹林　蓮花　浮萍　慈姑　馬蹄　柳樹
槐樹　蕉樹　海帶　海藻　水竹　水草　水蔥　水芹

食物

雪糕　雪條　啤酒　汽水　海鮮　河鮮　海味　紫菜　奶茶　咖啡
汽水　啤酒　寒天　粉皮　河粉　海蜇　魚生　生蠔　油鹽醬醋

靜物

蓋子　被子　布匹　衣服　複製品　仿製品　模具　影印機　印章
相片　文章　圖畫　油漆　墨水　茶壺　魚缸　酒瓶　罐　盆　風筒
風扇　窗紗　門簾　浴簾　電視機　雪櫃　蒸餾水機　冷氣機
投影機　立體眼鏡　香水　精油　木炭　黑布　車　船　鐘錶

景物

卧室　浴室　地下水　溝渠　魚池　地井　河流　湖泊　大海
公園　廣場　街道　馬路　酒廊　娛樂場所　陰暗場所

神物

真武大帝　夏禹　姜太公　壽星公　何仙姑　玄武　四不像

人物

盜賊　說謊者　神秘人　會計　演員　導演　文人　作家　書法家
畫家　數學家　孕婦　胎兒　海員　漁民　導遊　司機

人物外表

長髮　瘦肩　皮膚黑　獐頭鼠目　神色不定　美麗　高貴　彎腰駝背

人物性格

性情溫順　雙重性格　能言善辯　愛說謊　高智商　沒有誠信　虛偽
適應力強　糊塗　貪心　風流

人體

眼睛　頭髮　腎　膀胱　尿液　體液　血液　生殖系統　泌尿系統
腳　瘻　印

丑 陰土

特徵

神佛　負重　笨重　生長　土地　生產　哺育　利潤　詛咒　不變
任重道遠　復蘇　金融　經濟　錢財　資本　房地產　房屋　地理

大自然

東北方　四季　陰天　大霧　厚雲　雲彩　黃色

動物

牛　驢　豬　羊　雞　鴨　鵝　象　駱駝　馴鹿　雪橇犬　龜　山豬
野狗　貴婦犬　波斯貓　座頭鯨　駝背豚　工蜂　工蟻

植物

各種土種植物　各種水種植物　各種食科植物及果實　園藝植物
藥用植物　纖維植物　綠化護土植物

食物

柴 米 油 鹽 米飯 粥品 粉麵 麵包 蛋類 奶類 肉類 生果
蔬菜 瓜類 薯類 營養食品 保健食品 原味食品 傳統菜式

靜物

拜神用品 醫藥用品 糧食 建材 瓦器 農具 藥材 枕頭 床褥
被子 桌子 椅子 櫃子 金錢 貨幣 公事包 電腦 鼠標 鍵盤
手寫板 手提電話 起重機 壓力泵 千斤頂 防滑墊 隔熱墊
貨物 貨櫃 扶手 腳踏 拐杖 跑步機 划艇機 健身單車

景物

宮殿 橋樑 農場 漁場 田基 土坡 商場 商店 工廠 幼兒園
產房 醫院 台階 樓梯 地皮 房屋 銀行 墳墓 廟宇

神物

茅山祖師 壽星公 財神 土地公 善財童子 神牛 三腳蟾蜍

人物

牛童　與佛道醫卜有緣的人　長者　老實人　生產者　生意人

勞動者　山民　農民　醜婦　轎夫　搬運工人　建築工人　地產商

人物外表

皮膚黃白　鼻直口方　厚唇多肉　微彎腰　駝背　衣著樸實

外形敦厚　生龍活虎　態度誠懇

人物性格

忠厚老實　有經濟頭腦　保守　守時　勤奮穩重　活潑好動　反應快

倔強固執　小器

人體

胸部　臀部　腹部　腰　背　生殖器官　前列腺　肌肉　皮膚　大腿

大腦　脾　胃

寅　陽木

特徵

高層次　高級　高尚　保衛　名貴　名氣　豪華　貴重　具影響力
有代表性　品質優良　稀有　外強中乾　權力　管制　向上　上天

大自然

東北方　春天　早晨　晴天　風和日麗　綠色　青色　五彩繽紛

動物

老虎　豹　貓　獅子　熊貓　鯨魚　燕魚　娃娃魚　鱉　龜　穿山甲
甲蟲　蝦　蟹　蚌　螺　純血馬　白獅　金剛鸚鵡　藏獒

植物

千年古樹　巨杉　神木　崖柏　紅木　金絲楠木　松樹　柏樹
麵包樹　大樹　高樹　人參　靈芝　松露

食物

鮑參翅肚　名貴紅酒　鵝肝　白松露　魚子醬　藏紅花　核桃　花生

松子　堅果類　豆類　甲殼類　椰子　檳榔

靜物

神像　官印　國徽　國旗　刀劍　香爐　經書　經典古籍　大床

高櫃　管風琴　鋼琴　豎琴　古琴　權杖　金銀珠寶　玉器首飾

頭飾　古董　文物　甲骨文　筆　文件夾　公文袋　指揮棒　旗子

號角　甲冑　頭盔　高級家具　名車　豪華遊艇　棺材

景物

皇宮　廟宇　紀念柱　古建築　博物館　學校　幼兒園　文化場所

銀行　法院　首都　首府　金銀首飾店　豪宅　甲級商廈

神物

佛祖　玉皇大帝　太上老君　觀音菩薩　達摩祖師　呂山法祖　龍

人物

文官　作家　博士　教授　主席　領袖　元帥　老闆　名人　董事長
校長　老師　長輩　樂團指揮　冠軍人物　負責人　管理人

人物外表

腰直膊寬　身材高大　皮膚青白　方臉　鼻子高直　唇線清晰
頭髮濃密　德高望重　氣概雄偉　高雅安然　衣著得體

人物性格

有組織能力　敦厚正直　心高氣傲　威嚴　獨斷　外強中乾　虛偽
頑固　處變不驚　有條不紊　無中生有

人體

頭　臉　手　指甲　大拇指　腳趾公　胃　肝　膽　筋　男性生殖器

卯 陰木

特徵

流動　快速　衝動　聯合　合同　會合　合作　相聚　分開　衝擊
聚集　眾多　重疊　震動　矛盾　後悔　四處走　不完善

大自然

東方　春天　早晨　旭日　風　閃電　雷電　綠色　青色

動物

兔子　鴛鴦　天鵝　白鴿　蝴蝶　燕子　蜻蜓　蜜蜂　海豚　企鵝
羚羊　袋鼠　松鼠　劍魚　飛魚　鯊魚　蝗蟲　草蜢　蟋蟀　跳蚤

植物

柳樹　白楊樹　榕樹　紅樹　椰樹　花　草　小麥　粟米　高粱　竹
菠蘿　桑椹　合掌瓜　玫瑰　夾竹桃　葱　蒜　洋葱　洋薊　百合

食物

外賣　即食麵　兒童餐　應節食品　嫁喜餅　宴會菜式　自助餐
即溶咖啡　三合一飲品　碳酸飲料　餐盒　飛機餐　微波爐食品

靜物

車　船　艇　房車　摩托車　貨車　飛機　飛輪　合同　合約
結婚證　房契　盒子　盆子　箱子　櫃子　椅子　床　積木　砌圖
書本　漫畫　書包　背包　跳水池　過山車　羽毛　皮草　防狼器
捕鼠器　捕獸器　布帛　金錢　互聯網　指示牌

景物

公園　草地　樹林　街市　機場　車站　幼兒園　慈善機構
交易場所　足球場　保齡球場　戲院　會堂　廣場　碼頭　宴會廳

神物

和合二仙　福祿壽三星　月老　雷公　嫦娥　玉兔　龍　鳳　貔貅

人物

司機　賽車手　運動員　舞蹈員　鼓手　木匠　兒童　情侶　媒人

合夥人　中介人　售貨員　醫生　護士　幼兒園教師　僧人　道士

人物外表

兔牙　圓臉　手長腳長　身形高瘦　皮膚青白　一團和氣　笑容可掬

雷厲風行

人物性格

積極進取　性情直爽　粗心大意　工作麻利　性急輕浮　開朗　謙讓

性格中立　平易近人　愛多管閒事

人體

神經　氣管　手　手指　腰　肝　筋骨　大腿　關節　口　嘴　肝　膽

辰 陽土

特徵

打鬥　戰爭　屠宰　爭訟　武術　有殺傷力　索債　破壞　消耗
妨礙　損害　剛強　一流技術　阻礙　阻隔　不通順

大自然

東南方　早晨　雷電　地震　海嘯　綠色　青色

動物

巨蟒　藏獒　獵犬　獅子　老虎　山貓　野豬　石頭魚　鮑魚　牡蠣
鱟　鱷魚　鯊魚　蛇　狼　黃蜂　蝗蟲

植物

百年古樹　巨杉　雪松　根幹粗大的樹木　桉樹　鐵樹　豬籠草
夾竹桃　白蛇根草　荊棘　野山芋　仙人掌　核桃　椰樹　榴槤

食物

雞蛋　鴕鳥蛋　堅果　硬殼水果　烈酒　碳酸飲料　膨化食品

燒烤食品　鰹魚乾　法包　甘蔗　大閘蟹　皇帝蟹　螳螂蝦　龍蝦

靜物

菜刀　凶器　武器　刀　劍　茅　槍　炮　鐵鑊　不銹鋼煲　金屬製品

瓦製品　大刀　牛刀　魚網　魚槍　魚鈎　電棍　彈叉　弓箭

捕獸器　車輛　飛機　鑽石　水晶　石獅子　石獸　磙子　門窗

瓷磚　火車　電車　大貨車　貨櫃　坦克車　飛機　航空母艦

景物

廟宇　道觀　礦山　關卡　路障　收費站　鐵絲網　鐵欄　鐵閘

監獄　土坡　崗嶺　道路　鐵路　武館　公安所　警衛室　動物園

神物

孫悟空　雷公　龍母　尉遲公　秦瓊　張飛　白虎　龍

人物

軍人　警察　警衛　強盜　屠夫　義士　敵人　惡人　運輸工人

鐵道員　鋼鐵工人　格鬥者　兇手　獵人　漁民

人物外表

表情嚴肅　瘦長臉　身形修長　骨骼雄壯　外形威武　孔武有力

人物性格

撩事生非　野蠻暴躁　思覺敏鋭　意志堅定　性格硬朗　手段兇殘

人體

肩　頸　腰　背　手　腳　筋骨　關節　肺　呼吸系統

巳 陰火

特徵

半明半暗　閃動　變化　虛假　發夢　虛驚　幻覺　耀眼　亮麗
發光　纏繞　反反覆覆　彎曲　不實　文化藝術　文學　靈活　怪異

大自然

東南方　夏天　太陽　閃電　火　煙　紅色　棗紅色　火白色

動物

蛇　蟒　蟲　蟮　蜈蚣　海參　海豚　熱帶魚　錦鯉　螢火蟲　螢光魚
螢光魷　夜光藻　烏賊　水母　斑馬　花豹　變色龍　孔雀　蝴蝶

植物

桃花　梅花　蘭花　葡萄藤　楊柳　龍爪槐　牽牛花　夜光茸
發光蕈　夜光樹　燈籠樹　人參果　流星瓜　斑竹　盆景

食物

煙燻菜式　炙燒食品　翻熱餸菜　微波爐食品　燒烤食品　雞尾酒
分子料理　即食麵　通心粉　紅豆　士多啤梨　車厘子　紅石榴　紅酒

靜物

電線　香薰爐　香爐　香燭　蠟燭　繩索　拉鍊　領帶　腰帶　手鍊
頸鍊　煙花　煙囱　霓虹燈　爐灶　熱水器　交通燈　閃光燈　電燈
打火機　電筒　充電器　電話　訊息　文字　光碟　萬花筒　膠帶
絲帶　花布　花衣服　化妝品　唇膏　胭脂　欄杆　拉手柄

景物

燈塔　電塔　彎路　河流　山脈　電競館　圖書館　藝術館
燈飾店　鳥市　廟宇　玄學社　燒烤場　窯灶　焚化爐　吸煙區

神物

燃燈佛　何仙姑　電母　龍女　灶君　龍　火龍

人物

小孩　女人　文化人　模特兒　紋身之人　電工　燒焊工　廟祝

算命師　漂亮之人　精神病人　電子技術員　潑婦　乞丐

人物外表

漂亮　愛打扮　愛戴飾物　穿戴講究　身形瘦弱　瓜子臉　白裏透紅

駝背　小蛇腰

人物性格

神經質　善變　虛偽巧詐　愛顯露自己　心口不一　華而不實

死纏爛打　陰險狡詐

人體

肩　頸　血管　血液　神經　經絡　小腸　陰莖　手　腳　頭髮

午　陽火

特徵

文學　文化　外露　亮麗之物　計劃　願景　學習　成績　文書
文件　華麗　漂亮　風景　暴露　出名　口舌　血光　卓越　傑出

大自然

南方　夏季　晴天　中午　太陽　炎熱　火　煙　紅色　棗紅色

動物

馬　斑馬　孔雀　鷹　金剛鸚鵡　火烈鳥　朱鷺　老虎　金錢豹
青竹蛇　蝴蝶　天堂鳥　金龍魚　金魚　熱帶魚　珊瑚魚

植物

向日葵　千日紅　紅玫瑰　紅菜頭　天堂鳥　紅辣椒　大紅花
映山紅　火球花　木棉花　西瓜　南瓜　士多啤梨　紅石榴　火龍果

食物

意式薄餅　炸甜圈　爆谷　煎堆　火焗　烤焗食品　火辣食品

紅毛丹　紅棗　杞子　紅豆　紅燒乳鴿　豬紅　雞紅

靜物

電腦　電視　電話　燒烤爐　焗爐　煤氣爐　電燈　太陽燈　圖片

圖書　獎狀　告票　合同　證書　證件　股票　書本　炸彈　火箭

爆竹　爆炸品　霓虹燈　車頭燈　眼鏡　望遠鏡　投影機　照相機

煙花　香燭　蠟燭　文章　字畫　樹屋　雀巢　避雷針　天線

景物

廚房　學校　電影院　歌劇院　電視台　電視塔　煉鋼廠　捐血站

風景區　山頂　充電站　電競館　捐血站　裝飾公司　眼鏡店

神物

華光大帝　炎帝　祝融　灶君　火鳳凰　火麒麟　朱雀

人物

當權者　策劃者　政治家　英雄　網紅　網絡編寫員　作家　設計師
廣告人　文化人　練馬師　攝影師　名人　美容師　髮型師　視光師

人物外表

氣勢逼人　面色紅潤　染紅髮　面形尖　喜歡打扮　艷麗　英俊

人物性格

熱情好客　虛偽　虛榮　愛弄權　我行我素　心直口快　脾氣急躁
心狠手辣　缺乏耐力　佔有慾強

人體

頭　臉　眼睛　心臟　小腸　血液　神經　乳房

未 陰土

特徵

飲食 醫療 修仙 修道 鬼神 疾病 問題 暗鬥 結交 集體

大眾 緩慢 穩定 不動 不變 長久 包容 幫助 學習 傳授

大自然

西南方 四季 雲 霧 沙塵 陰暗 黃色

動物

羊 狗 牛 雞 鵝 鴨 豬 禽畜 土撥鼠 牛蛙 駱駝 老鼠

兔子 蝙蝠 沙甸魚 珊瑚 海葵 魷魚 企鵝 鴕鳥

植物

水稻 小麥 高粱 山藥 蘿蔔 木薯 西瓜 南瓜 木瓜 蔬菜

青苔 髮菜 大蒜 薑 番薯 中草藥 蓮花

食物

齋菜　宗教食品　宴會食品　粗糧　雜糧　參茸　海味　藥膳　學校膳食　醫院膳食　旅行團餐　自助餐　豬扒　雞肉　羊肉　肉類

靜物

佛像　神像　塑像　三牲祭品　拜神用品　藥水　藥丸　藥粉　藥材　醫藥用品　急救用品　疫苗　工具書　文學作品　參考書籍　陪葬品　棺材　墓碑　瓦罐　瓷器　盆　碗　書包　背包　包裹　材料包　衫褲鞋襪　紙筆墨硯　筷子　刀叉　砌圖　紀念品

景物

道觀　寺廟　教會　四合院　學校　餐館　廚房　醫院　庭院　大廳　洗手間　天井　水井　走廊　街道　監獄　診所　墓場

神物

彌勒佛　觀音菩薩　地藏王菩薩　王母娘娘　福祿壽三星　饕餮

人物

廚師　食客　朋友　教師　學生　徒弟　巫師　寡婦　醫生　病人

老婦　村姑　農夫　牧羊人　畜牧人員　地產商

人物外表

黃方臉　有雀斑　神情嚴肅　大嘴厚唇　身形不高　體胖肚大

人物性格

嗜飲好食　含蓄死板　關懷包容　任性　懦弱　心胸狹窄　陰險毒辣

吝嗇　貪婪　不能自拔

人體

嘴　肌肉　肩　臍部　腹部　脾　胃　大腸

申 陽金

特徵

競爭　爭鬥　打鬥　武力　訴訟　刑傷　官司是非　交通　遷移
支持　支撐　傷災　受傷　阻隔　牢獄　疾病　艷麗　豪華　強勢

大自然

西南方　秋天　傍晚　肅殺　閃電　霹靂　狂風　天災　白色

動物

猴子　公雞　獅子　老虎　鱷魚　白鯊　熊　豹　蟒蛇　巨蜥　豺狼
野狗　野豬　鬣狗　山貓　藏獒　鷹　螳螂　蜘蛛　黃蜂

植物

胡楊　白楊　椰樹　竹　夾竹桃　簕杜鵑　曼陀羅　蒺藜草　仙人掌
荊棘　豬籠草　刺槐　皂莢　白蛇根草　蠍子草　蘆薈　榴槤

食物

甘蔗　法包　堅果　豬骨　牛骨　鴨舌　牛腩　豬喉管　帶刺水果

刺激食物　高糖高脂食品　烤焦食物　化學食物　香煙　烈酒

靜物

刀　劍　金銀　重金屬　金屬製品　石製品　鐵製品　擴音器

研磨器　抽油煙機　車輛　飛機　鼓棍　鋼管　水管　雪櫃　冷氣機

碾子　門窗　鎖　大貨車　貨櫃　貨櫃車　坦克車　飛機　航空母艦

武器　凶器　鑽石　水晶　毒藥　毒品　鐵籠　鐵棍

景物

關卡　路障　鐵閘　鐵路　道觀　廟宇　武館　公安所　警衛室

監獄　路口　收費站　懸崖峭壁　城牆　石牆　土堆　崗嶺

神物

孫悟空　二郎神　雷公　刑天　秦瓊　尉遲公　張飛　白虎

人物

屠夫　獵人　醫生　法官　律師　鼓手　歌星　投訴者　是非人

軍人　文警　武警　警衛　強盜　保鏢　義士　龍虎武師　拳師

人物外表

聲音響亮　皮膚白淨　圓眼圓臉　手舞足蹈　肌肉強健　骨骼雄壯

盛氣凌人

人物性格

深沉　殘暴　霸氣　脾氣大　不認輸　好爭訟　獨來獨往

表達能力強

人體

腰　頸　手　肺　大腸　呼吸系統　氣管　皮毛　拳頭

西　陰金

特徵

尊貴　名貴　神佛　陰德　吵架　打架　官訟　陰私情　桃花　策劃
縝密　秘密　完美　欺詐　詛咒　憂疑　口舌是非

大自然

西方　秋天　傍晚　雷電　雷聲　月亮　灰色　白色

動物

雞　鸚鵡　了哥　孔雀　雉雞　天堂鳥　鴕鳥　奇異鳥　蟋蟀　蟬
蝙蝠　貓　老鼠　黃鼠狼　夜鶯　夜鷹　吼猴　刺蝟　穿山甲

植物

金針菇　松茸　雪耳　木耳　牙草　含羞草　冬菇　蘑菇　榕樹
柳樹　紅樹　菊花　花生　核桃　栗子　椰樹

食物

雞蛋 烏雞 燕窩 當歸 花膠 紅酒 雞酒 啤酒 香檳 雞尾酒
補酒 冰水 瓜子 雪糕 雪條 刨冰 鴨舌 牛脷 豬肺

靜物

金銀 項鍊 戒指 名貴首飾 鑽石 玉器 鏡子 攝影機 影印機
水墨畫 風鈴 鐘 鳴笛器 音響 字畫 喇叭 擴音器 音箱 胸罩
內衣褲 斗篷 面罩 刀劍 太陽傘 帳篷 煲蓋 雪櫃 手提電話
耳機 冷氣機 冷風機 雕琢品 喜慶用品 玩具 嬰兒用品

景物

首飾店 金舖 密室 演唱會 公安局 檢察院 法院 按摩院
歌劇院 電影院 歌舞廳 鬧市 小路 路口 門口

神物

梨山老母 觀音娘娘 水月觀音 嫦娥 玉兔 鳳凰

人物

女人　貴婦　少女　情婦　歌手　律師　法官　傭人　法師　巫師

裁判　工程師　裁縫　雕刻師　秘書　盜賊　特工

人物外表

身如白玉　口似櫻桃　鼻子挺直　臉色白淨　文靜　英俊漂亮

大方　聲音宏亮　呆若木雞

人物性格

態度囂張　正直慷慨　助人為樂　陰匿暗昧　能説會道　口沒遮攔

人體

嘴　心臟　喉嚨　聲帶　呼吸系統　皮膚　毛髮　陰部

戌 陽土

特徵

孤獨　欺騙　奸詐　不實　牢獄之災　變動　變化　虛像　深遠
釋放　光明　恩賜　幸福　提拔　進攻　打鬥　戰爭

大自然

西北方　秋天　傍晚　天空　光明　火　灰白色　灰黑色

動物

狗　狼　胡狼　豺　狼獾　狐狸　果子狸　鹿　羚羊　馬　鷹　老虎
獅子　獅子魚　豹　熊　樹熊　犀牛　臭鼬鼠　蜻蜓　蝙蝠

植物

參天大樹　高原植物　仙人掌　銀劍菊　竹　白楊樹　柳樹　蕉樹
椰子樹　紅景天　月桂樹　蓮花　蒲公英　楓樹　芒草

食物

火焗　烤魚　串燒　烤乳豬　紅燒乳鴿　韓式烤肉　日式炙燒

炭燒咖啡　土窯雞　溫泉蛋　火焰雪山　飛機餐　快餐　燒酒

靜物

煤　炭　火爐　燒烤爐　鏡子　玻璃　窗　天窗　天花　火酒　香火

孔明燈　熱氣球　航拍機　風箏　降落傘　滑翔機　刀　槍　劍　戟

炮彈　火車　高速鐵路　快艇　煙花　金銀　寶玉　鑽石　水晶　磚

瓦器　火山石　硫磺　石油　隕石　鎖　鑰匙

景物

假山　崗嶺　墳墓　神廟　醫院　診所　監獄　牢房　獸籠　橋樑

天橋　立交橋　戰場　火焗店　燒烤場

神物

玉皇大帝　太上老君　九天玄女　峨眉祖師　哮天犬

人物

道人　僧侶　神父　皇帝　醫生　占卜師　算命師　商人　教授
講師　機師　遠航員　鐵匠　守墓人　孤兒　長輩　父輩　古人

人物外表

身形高大　威嚴　嚴肅　骨骼強壯　不怒而威　豪邁熱情

人物性格

奸詐　好鬥　反應快速　聰明　孤僻　衝動　主動　理想遠大
不切實際　無中生有

人體

額　肺　脾　胃　大腿　腳跟　大腸　骨　皮毛

亥 陰水

特徵

慢動 流動 虛假 相逢 投機 困難 被困 困境 暗昧 遮蓋
管束 制約 痛苦 遲 有雜質 變化 性 破財 生氣 壞習慣

大自然

西北方 冬天 晚上 下雨 陰天 烏雲密布 陰濕 寒冷 灰色

動物

豬 海象 海牛 海豚 青蛙 彈塗魚 蝌蚪 蚯蚓 水蛭 泥鰍
泥鯭 烏賊 八爪魚 比目魚 海葵 老鼠 蝙蝠 北極熊 企鵝

植物

蘑菇 冬菇 茼蒿 蓮藕 通菜 生菜 菠菜 睡蓮 水仙 苦草
滿江紅 菱 蘋 芡實 水龍 燈心草 水耕菜 海草 海苔

食物

酒　雞尾酒　味噌　湯水　油　醬　醋　鹽　糖　粥品　糖水　汽水
牛奶　果汁　豆漿　乳酪　芝士　腐乳　鹹魚　泡菜　納豆

靜物

液體　污水　油漆　機油　汽油　筆　墨　塗鴉　顏料　水族箱　鞋
鞋墊　腳踏　水鞋　雨傘　雨衣雨帽　斗篷　傘裙　太陽傘　太陽帽
太陽油　帳篷　紙尿片　衛生巾　口水巾　汗巾　色情漫畫
色情影片　性愛用品　下價酒　假酒　劣質茶

景物

樓台　倉庫　豬欄　地下水　地坑　池塘　廁所　糞池　沼澤　爛草地
泥濘　濕地　地井　水稻田　魚市場　濕貨市場　色情場所　河流

神物

天后娘娘　媽祖　達摩祖師　姜太公　包青天　豬八戒　龍龜

人物

乞丐　騙徒　酒鬼　釀酒師　調酒師　茶農　菜農　養豬人

油漆工人　清潔工人　漁民　蠔民　小兒　黑客　妓女　囚犯

人物外表

頭髮濃密　身形矮小　醜陋　懶散　圓臉瘦肩　聲調不高　蓬頭垢面

人物性格

神經過敏　陰柔怕事　不能自主　多愁善感　暗中行事　狡猾多變

喜歡酒色　愛埋怨　貪小便宜

人體

尿液　精液　膀胱　眼淚　唾液　腎　生殖系統　腳　足

5// 十二神將象意

天后　亥水

特徵

恩澤　女性　慈善　慢動　困難　陰私　暗昧不明　管束　遲　雜質

大自然

西北方　冬天　晚上　雨　陰濕

動物

鵝　鴨　鷺　翠鳥　蝙蝠　青蛙　彈塗魚　烏賊　八爪魚　比目魚

植物

菱　蘋　芡實　水龍　水稻　荷花　水仙　苦草　富貴竹

食物

奶類　豆漿　果汁　酒　湯水　粥品　糖水　調味料　乳酪　泡菜

靜物

液體　雨具　斗篷　女性用品　帳篷　紙尿片　性愛用品　顏料

景物

樓台　倉庫　貯物室　防空洞　地坑　沼澤　爛草地　泥濘　濕地

神物

婦女類神　福鼠

人物

婦女　貴婦　嗜酒之人　漁民　性工作者　窮困之人　行動不便之人

人物外表

身形窈窕　面圓　眼小　舉止優雅

人物性格

神經過敏　多愁善感　心善　性情溫順

人體

胃　女性生殖器　足　血液　體液

天空 戌土

特徵

孤獨 欺騙 變動 變化 虛像 奸詐 牢獄 打鬥 戰爭 空缺

大自然

西北方 秋天 傍晚 天空

動物

狼 犬 鹿 羚羊 鷹 鯊魚 速度快的動物 會跳躍的動物

植物

參天大樹 高原植物 神木 竹 月桂樹 蒲公英 楓樹 芒草

食物

鮑參翅肚 高價紅酒 高級食品 自助餐 飛機餐 快餐

靜物

契約 金屬製品 礦物 鏡子 窗 天花 天線 飛機 刀槍劍戟

景物

崗嶺　天井　墳墓　醫院　監獄　天橋　戰場　遙遠的地方

神物

奏書之神　哮天犬

人物

道人　僧侶　神父　醜婦　奴婢　貧窮之人　下人　古人

人物外表

身形肥矮　面露孤淒　皮膚冷白　高談濶論

人物性格

為人奸詐　衝動　虛榮　反應快速　理想遠大　無中生有

人體

頭　頭髮　額　肺　皮毛

太陰 酉金

特徵

護蔭 吉祥 神佛 陰德 喜慶 完美 婚姻 秘密 詛咒 憂疑

大自然

西方 秋天 陰天 寒冷

動物

雞 雉 鳥類 貓頭鷹 蝙蝠 貓 夜鶯 夜鷹

植物

菇菌 苔蘚植物 海帶 柳樹 紅樹 核桃 栗子 椰樹

食物

蛋 冰水 汽水 雪糕 雪條 啤酒 刨冰 寒天 涼粉

靜物

雪櫃 冷氣機 金銀 內衣 帳篷 喜慶用品 嬰兒用品 女性用品

景物

林蔭路　陰暗處　涼亭　道觀　寺廟　教堂　密室　地下室

神物

婦女類神　玉兔

人物

女人　情婦　孕婦　法師　巫師　隱士　文人　特工　盜賊

人物外表

臉色白淨　文靜大方　英俊漂亮　陰沉

人物性格

體貼周到　助人為樂　內斂　陰險毒辣　老謀深算

人體

嘴　心　肺　呼吸系統　陰部

白虎 申金

特徵

霸氣　強硬　刑傷　官司是非　大阻隔　傷災　受傷　牢獄　疾病

大自然

西南方　秋天　狂風

動物

老虎　豹　鱷魚　白鯊　熊　獅子　蟒蛇　豺狼　野狗

植物

蒺藜草　仙人掌　荊棘　豬籠草　刺槐　蠍子草　蘆薈　曼陀羅

食物

刺激食物　帶刺水果　堅果　高糖食品　高脂食品　香煙　烈酒

靜物

重金屬　石製品　鐵製品　刀槍器械　車輛　飛機　石獸　毒品

景物

豪華建築　廟宇　道觀　監獄　土堆　崗嶺　玻璃外牆　道路　法院

神物

道路之神　白虎

人物

僧道　孝子　兇徒　病人　醫生　法官　高科技人員　文警　武警

人物外表

頭髮鋥亮　皮膚白淨　圓眼　骨骼雄壯　嚴肅　少説話

人物性格

大義凜然　心狠果斷　脾氣大　獨來獨往　好鬥

人體

肺　大腸　呼吸系統　牙齒　骨骼

太常 未土

特徵

宴會　酒食　交友　團結　田土　修仙修道　學習　傳授　簽約

大自然

西南方　雲霧　沙土

動物

羊　牛　雞　家裏養的寵物　螞蟻　蜜蜂　雁　集結成羣的動物

植物

水稻　小麥　高粱　馬鈴薯　蘿蔔　中草藥　農副產品　蓮花

食物

宴會酒食　齋菜　宗教食品　粗糧　雜糧　參茸海味　藥膳

靜物

佛像　神像　醫藥用品　拜神用品　書籍　土石製品　衫褲鞋襪

景物

酒樓食肆　道觀　寺廟　教會　學校　圖書館　醫院　人多的地方

神物

山神　蟠龍

人物

教師　學生　醫生　病人　朋友　貴人　老婦　孕婦　農夫　地產商

人物外表

身形不高　大肚子　肥胖豐滿　皮膚黃　方臉

人物性格

包容　遲鈍　固執　關懷　好飲好食　吝嗇　貪婪

人體

臍部　腹部　大腸　胃　脾

朱雀 午火

特徵

願景　成績　文化　文書　證據　暴露　出名　口舌　血光　變化

大自然

南方　夏季　中午　火

動物

孔雀　鷹　雉雞　火雞　火烈鳥　朱鷺　老虎　金錢豹　鬥魚

植物

一品紅　大紅花　映山紅　火球花　木棉花　士多啤梨　紅石榴　火龍果

食物

火焗　烤焗食品　火辣食品　獲獎名菜　馳名食品　煎堆　炸甜圈

靜物

手提電話　電腦　文件　獎狀　圖片　美容品　首飾　焗爐　電燈　爆竹

景物

充電站　電競館　捐血站　廚房　電影院　瞭望台　名山名水

神物

火鳳凰　火麒麟

人物

名人　廣告人　辯論家　文化人　攝影師　網紅　美容師

人物外表

有雀斑　喜歡打扮　身形偏瘦　面形尖　面色紅潤　艷麗漂亮

人物性格

雄才善辯　聰明　虛偽　虛榮　空虛　心直口快　脾氣急躁

人體

心臟　頭　臉　眼睛　小腸　血液

螣蛇 巳火

特徵

變化 纏繞 反反覆覆 陰邪 怪異 虛假 血光 虛驚 幻覺

大自然

東南方 夏天 煙

動物

蛇 蟲 蟒 螢火蟲 夜光藻 老虎 花豹 變色龍 孔雀 蝴蝶

植物

楊柳 龍爪槐 葡萄藤 發光蕈 夜光樹 斑竹 漂亮的花朵

食物

雞尾酒 燒酒 烈酒 煙燻菜式 炙燒食品 微波爐食品 通心粉

靜物

文字 繩索 電線 頸鍊 霓虹燈 閃光燈 香火 電話 萬花筒

景物

光猛之地　彎路　燈塔　電塔　燈飾店　廟宇　玄學社　吸煙區

神物

龍　蟠龍

人物

精神病人　狡猾之人　潑婦　電工　廟祝　算命師　漂亮之人　小人

人物外表

身形瘦弱　毛黃面赤　頭尖髮少　駝背　小蛇腰

人物性格

虛浮善變　疑神疑鬼　心口不一　華而不實

人體

神經　經絡　心臟　腦　血管

勾陳　辰土

特徵

詞訟　爭論　勾留遲滯　枝節橫生　產業　牢獄　阻礙　打鬥　戰爭

大自然

東南方　四季　雷電

動物

老虎　巨蟒　毒蛇　狼　山貓　野豬　藏獒　蠍子　鈎蟲

植物

勾藤　豬籠草　夾竹桃　白蛇根草　蒼耳　鬼針草　野燕麥

食物

蝦　蟹　龍蝦　大閘蟹　皇帝蟹　螳螂蝦　堅果　硬殼水果　烈酒

靜物

莊稼　石製品　金屬製品　刀槍器械　弓箭　鑽石　水晶　毒品

景物

廟宇　道觀　關卡　路障　收費站　鐵絲網　道路　公安所　警衛室

神物

爭鬥之神　白虎

人物

主帥　官吏　兵卒　強盜　敵人　運輸工人　鋼鐵工人　拳師

人物外表

身形粗短　骨骼雄壯　相貌醜陋　皮膚白

人物性格

死板保守　行事遲緩　意志堅定　獨來獨往

人體

頭骨　骨頭　肩　背　腰錐　肺

六合 卯木

特徵

和合 婚姻 嫁娶 喜慶 談判 口講業 合同 交易 合作 關閉

大自然

東方 春天 和風 彩虹

動物

兔子 鴛鴦 天鵝 白鴿 蝴蝶 海豚 企鵝 沙甸魚 珊瑚

植物

花 草 竹 粟米 榕樹 紅樹 桑椹 合掌瓜 洋薊 百合

食物

嫁喜餅 結婚蛋糕 婚宴菜式 賀年全盒 應節食品 自助餐 盆菜

靜物

合約 證書 結婚證 盒子 床 書本 鹽 糖 布帛 金錢 互聯網

景物

宴會廳　交易場　公園　草地　樹林　婚介所　娛樂場所　休閒場所

神物

龍　鳳　玉兔

人物

情侶　媒人　合夥人　中介人　僧人　道士　明星　歌星　兒童

人物外表

身形修長　面容清秀　兔牙　笑容可掬　縮頭聳肩

人物性格

開朗　仁慈　包容謙讓　説話吉利　伶巧敏鋭　性格中立

人體

口　嘴　肝　膽　牙齒

青龍 寅木

特徵

高尚 名貴 名氣 具影響力 升遷 喜慶 財帛 婚姻 胎產

大自然

東北方 晴天 雨水

動物

熊貓 獅子 老虎 鯨魚 金龍魚 錦鯉 白獅 金剛鸚鵡 藏獒

植物

千年古樹 大樹 高樹 名貴植物 有代表性植物 崖柏 沉香

食物

人參 靈芝 松露 藏紅花 鮑參翅肚 名貴紅酒 堅果類 甲殼類

靜物

金銀珠寶 玉器首飾 名人字畫 古董 神像 刀劍 香爐 大床

景物

廟宇　學校　幼兒園　文化場所　博物館　銀行　豪宅　甲級商廈

神物

龍神　龍

人物

文官　官貴　領袖　名人　富人　老師　長輩　丈夫　冠軍人物

人物外表

身體直長　眼目分明　唇線清晰　高雅安然　慈顏和氣

人物性格

文武雙全　敦厚正直　處變不驚　精明能幹　無中生有

人體

大腦　心臟　胃　男性生殖器

貴神 丑土

特徵

生意　田土　錢財　利潤　俸祿　效益　希望　扶持　逢凶化吉

大自然

東北方　雲彩　雲霧

動物

牛　羊　鹿　魚　蟒　蜥　鱗角之物　禽畜業產品　漁業產品

植物

野生植物　食科植物及果實　園藝植物　藥用植物　纖維植物

食物

柴米油鹽　粥粉麵飯　奶類　肉類　蔬果　營養食品　保健食品

靜物

糧食　經濟作物　醫藥用品　珍寶首飾　金銀財帛　神像佛像

景物

田基　土坡　廟宇　宮殿　產房　地皮　房屋　銀行　繁華地區

神物

吉神　神牛

人物

尊長　領導人　老師　醜婦　生意人　勞動者　與佛道醫卜有緣的人

人物外表

衣著樸實　態度誠懇　鼻直口方　形態敦厚　清雅大方

人物性格

有經濟頭腦　守時穩重　忠厚老實　活潑好動

人體

胸部　臀部　腹部　大腦　脾　胃

玄武 子水

特徵

盜竊　桃花　虛假　貪污　神秘　玄學　淫邪　智慧　賭博　第二位

大自然

北方　冬季　晚上　雨天

動物

豬　蛇　龜　貓頭鷹　蝙蝠　老鼠　貓　夜間出沒的動物

植物

葫蘆瓜　蘆葦　浮萍　水生植物　傳說中能成仙成怪的植物

食物

油鹽醬醋　海鮮　河鮮　酒精飲品　醃製食品　染色食物

靜物

複製品　仿製品　墨水　顏料　燈罩　窗簾　香薰　精油　黑布

景物

廁所　浴室　地下水　溝渠　洗衣房　酒廊　按摩院　陰暗場所

神物

盜神　龍龜

人物

盜賊　説謊者　孕婦　胎兒　演員　賭徒　文人　作家　海員　漁民

人物外表

臉黑瘦肩　獐頭鼠目　神色不定　行動敏捷

人物性格

愛説謊　雙重性格　高智商　反口覆舌　貪心

人體

眼睛　頭髮　腎　膀胱　體液

6// 十二月將象意

登明　亥水

特徵

暗昧不明　迷失　追討　徵召　沉溺　陰私　污穢　強弩之末

大自然

西北方　冬天　晚上　下雨　陰濕　寒冷

動物

熊　豬　青蛙　泥鰍　烏賊　鱉　魚類

植物

紅樹　水稻　蓮花　水仙　富貴竹　苦草　滿江紅　水耕菜

食物

調味料　湯水　粥品　牛奶　果汁　酒類　芝士　腐乳

靜物

液體　油　漁具　雨具　帳篷　衛生用品　色情用品　絲繩　筆墨

景物

倉庫　樓台　池塘　水道　廁所　泥濘　濕貨市場　色情場所

神物

水神　龍龜

人物

小兒　婦女　賢婦　乞丐　酒鬼　盜賊　清潔工　漁民　性工作者

人物外表

身形肥大　醜陋　手腳黑　頭髮黃　面長瘦肩　聲調不高

人物性格

謙虛　心虛　易生氣　陰柔怕事　多愁善感　淫蕩　糊塗

人體

血液　體液　腎臟　女性生殖器　足部　黑斑痣

河魁 戌土

特徵

幻覺 虛像 欺騙 牢獄 打鬥 戰爭 提拔 進攻

大自然

西北方 秋天 傍晚 天空

動物

狗 豺狼 鷹 鯊魚 蝙蝠 兔子

植物

竹 白楊樹 柳樹 天山雪蓮 紅景天 月桂樹

食物

鮑參翅肚 松露 魚子醬 麝貓咖啡 高級紅酒 飛機餐 快餐

靜物

鏡子 玻璃 降落傘 飛機 刀槍劍戟 金銀玉石 煙花 投影機

景物

崗嶺　假山　墳墓　醫院　診所　橋樑　天橋　立交橋　監獄

神物

土神　獄神

人物

道人　僧侶　神父　奴僕　惡徒　騙徒　獄卒　軍人

人物外表

身形高瘦　骨骼強壯　惡形惡相　鬍鬚濃密

人物性格

虛偽　衝動　反應快速　性情暴躁　理想遠大　不切實際

人體

頭髮　額　脾　足　腿

從魁 酉金

特徵

誘惑　私密　重複　陰謀詭計　詛咒　憂疑　口舌是非

大自然

西方　秋天　傍晚　陰天　雨　霜　寒冷

動物

雞　鴨　蝙蝠　貓　老鼠　夜鶯　貓頭鷹　蝸牛　龜

植物

牙草　含羞草　冬菇　蘑菇　雪耳　積雪草　苔蘚植物

食物

蛋　麥　酒　啤酒　冰水　汽水　雪糕　雪條　冷藏食品

靜物

金銀珠寶　攝影機　影印機　內衣褲　蓋子　冷氣機　機械人　密碼

景物

道觀　寺廟　教堂　會議室　密室　更衣室　冷凍房　山洞　地井

神物

金神　玉兔

人物

少女　情婦　孕婦　奴婢　法師　巫師　隱士　秘書　特工

人物外表

大方端正　能說會道　身形粗長　鼻子挺直　膚色黃白

人物性格

慷慨　體貼周到　喜歡助人　順從　陰匿暗昧　老謀深算

人體

牙齒　肺　精血　陰部　涕液　胎兒

傳送 申金

特徵

流動　音信　遷移　傳聞　官司是非　刑傷　阻隔　爭鬥

大自然

西南方　秋天　傍晚　雷電　強風

動物

猴子　白鴿　候鳥　獅子　老虎　猩猩　蜜蜂

植物

蒺藜草　仙人掌　荊棘　曼陀羅　風滾草　椰子樹

食物

堅果　牛骨　豬肺　野味　香煙　烈酒

靜物

金石製品　刀槍器械　車輛　飛機　交通工具　藥物　毒品

景物

道路　鐵路　關卡　郵局　收費站　城牆　物流中心　公安所

神物

金神　白虎

人物

商賈　郵差　司機　屠夫　軍人　醫生　法官　高科技人員

人物外表

鬚髮不多　皮膚白淨　圓眼項短　肌肉強健　骨骼雄壯

人物性格

獨來獨往　霸氣殘暴　大義凜然　深沉　少說話

人體

肺　大腸　呼吸系統　牙齒　骨骼

小吉 未土

特徵

宴會 酒食 祭祀 慶賀 婚姻 鬼神 集體 學習 傳授 簽約

大自然

西南方 雲 霧

動物

羊 山羊 綿羊 羚羊 鳩 雁 家禽 牲畜

植物

小麥 高粱 蔬菜 中草藥 莊稼 桑葉

食物

宴會食品 宗教食品 藥膳 雜糧 參茸 海味

靜物

神像 醫藥用品 拜神用品 墳墓 食具 衣服 紙筆墨硯

景物

酒館　餐館　宗教場所　學校　四合院　醫院　水井

神物

土神　蟠龍

人物

道士　廚師　牧羊人　寡婦　巫師　孕婦　醫生　病人　地產商

人物外表

方臉　面有雀斑　大嘴厚唇　身形不高　肥胖豐滿

人物性格

嗜飲好食　包容　捉摸不定　吝嗇　貪婪

人體

嘴　唇　腹部　大腸　脾　胃

勝光 午火

特徵

願景　成績　文書　證據　華麗　出名　光怪　口舌　血光　變化

大自然

南方　夏季　太陽　閃光　彩光

動物

馬　鹿　孔雀　鷹　老虎　青竹蛇　火烈鳥　金龍魚

植物

牡丹　映山紅　火球花　迎客松　紅石榴　火龍果

食物

獲獎名菜　馳名食品　煎堆　炸甜圈　火煱　火辣食品

靜物

文件　證書　股票　書畫　首飾　火爐　霓虹燈　電腦

景物

名山名水　風景區　廚房　電影院　充電站　電競館　瞭望台

神物

火神　火鳳凰　火麒麟

人物

名人　美人　網紅　得勝者　策劃人　文化人　攝影師　美容師

人物外表

艷麗　漂亮　身形偏瘦　面形尖　面色紅潤　具吸引力

人物性格

好勝　虛偽　心直口快　知情識趣　缺乏耐力　佔有慾強

人體

心臟　眼睛　頭　臉　小腸　血液

太乙 巳火

特徵

彎曲 變化 閃動 幻覺 纏繞 反反覆覆 虛驚 誘惑

大自然

東南方 夏天 閃電 星星 煙

動物

蛇 蟲 海參 螢火蟲 夜光藻 水母 斑馬 變色龍 蝴蝶

植物

楊柳 斑竹 龍爪槐 葡萄藤 夜光樹 燈籠樹 花果

食物

雞尾酒 煙燻菜式 炙燒食品 微波爐食品 即食麵 通心粉

靜物

香火 電燈 電線 繩索 裂縫 煙花 香薰爐 交通燈 花衣服

景物

窯灶　廟宇　燈塔　電塔　彎路　河流　山脈　道路　海岸線

神物

火神　龍

人物

術士　工藝師　魔術師　燈光師　化妝師　模特兒　精神病人

人物外表

額高眼小　身形瘦弱　駝背　小蛇腰　左搖右擺

人物性格

神經質　虛偽巧詐　死纏爛打　愛穿花格子或條紋衣服

人體

心臟　腦　血管　咽喉　神經　腸

天罡 辰土

特徵

堅硬 剛強 競爭 訴訟 仇恨 打鬥 戰爭 牢獄 屠宰 自毀

大自然

東南方 四季 惡霧 天災

動物

獅子 老虎 鱷魚 鯊魚 巨蟒 毒蛇 狼 獵犬

植物

巨杉 雪松 根幹粗大的樹木 豬籠草 核桃 椰子樹 榴槤

食物

堅果 硬殼水果 大閘蟹 皇帝蟹 螳螂蝦 龍蝦 烈酒

靜物

刀槍器械 重金屬 石製品 坦克車 航空母艦 鑽石 毒品

景物

廟宇　道觀　屠場　崗嶺　土堆　監獄　鐵閘　城牆　武館　公安所

神物

土神　龍

人物

僧道　軍人　警察　兇徒　屠夫　敵人　健身教練　本領高強之人

人物外表

目露凶光　骨骼雄壯　外形威武　毛髮濃密

人物性格

意志堅定　性格硬朗　思覺敏銳　手段兇殘　獨斷獨行

人體

骨頭　肩　背　腰錐　肺　皮毛

太沖 卯木

特徵

快速 衝動 聚集 眾多 談判 口講業 關閉 卡住

大自然

東方 春天 早晨 旭日 風 雷

動物

兔子 燕子 騾 驢 狐狸 蝙蝠 蜜蜂 蝗蟲 螞蟻

植物

竹 葱 花 草 稻穀 小麥 粟米 榕樹 洋薊 百合

食物

自助餐 盆菜 快餐 飛機餐 兒童餐 快熟食品

靜物

車 船 飛機 合約 合同 證書 床 紙 布帛 金錢 互聯網

景物

前門　草地　樹林　葱嶺　交易場所　廣場　車站　碼頭　機場

神物

木神　龍　鳳

人物

駕駛員　飛機師　運動員　歌星　售貨員　醫生　護士　幼兒園教師

人物外表

皮膚青白　長面高額　動作快　苗條身形　縮頭聳肩

人物性格

開朗　狡猾　急性子　説話吉利　性格中立

人體

毛髮　牙齒　口　嘴　肝　筋

功曹 寅木

特徵

文化 文官 功勞 練功 官途升遷 名氣 貴重 具影響力 向上

大自然

東北方 晴天 風

動物

老虎 豹 貓 鯨魚 娃娃魚 龜 蟹 純血馬 藏獒

植物

瓜果 花草 崖柏 金絲楠木 人參 靈芝 大樹 高樹

食物

甲殼類 堅果類 豆類 鮑參翅肚 名貴食品 名貴紅酒

靜物

神像 香爐 刀劍 大床 桌椅 棺槨 文具 木器 古董 文物

景物

廟宇　橋樑　古建築　博物館　學校　幼兒園　文化場所

神物

木神　風神　龍

人物

道士　文官　老闆　名人　董事長　校長　老師　管理人

人物外表

高大直長　皮膚青黃　鼻大臉方　高雅安然　一臉和氣

人物性格

文武雙全　有組織能力　威嚴　能言善辯　處變不驚

人體

頭　頭髮　手　膽　心臟　筋

大吉　丑土

特徵

神佛　吉祥　吉慶　詛咒　田宅　生產　利潤　效益　收穫　學習

大自然

東北方　四季　雨天　雲霧

動物

牛　豬　羊　禽畜業產品　漁業產品　寵物店售賣的動物

植物

野生植物　藥用植物　人工培植的蔬果　綠化護土植物

食物

主要食糧　蛋類　奶類　肉類　生果　營養食品　保健食品

靜物

瓦器　建材　農具　糧食　經濟作物　醫藥用品　育嬰用品　金錢

景物

廟宇　宮殿　墳墓　土坡　農場　漁場　田基　工廠　交易市場

神物

土神　咬錢蟾蜍

人物

後代　孕婦　生意人　醜婦　農民　長者　與佛道醫卜有緣的人

人物外表

相貌醜陋　鼻直口方　身形矮胖　衣著樸實　態度誠懇

人物性格

倔強固執　忠厚老實　有經濟頭腦　活潑好動　反應快

人體

腹部　脾　胃　肌肉　皮膚　小腸

神后　子水

特徵

幻覺　虛假　陰私　影像　貪污　盜竊　桃花　神秘　玄學　深奧

大自然

北方　冬季　晚上　雨

動物

老鼠　蝙蝠　貓　蠍子　夜間出沒的動物　水母　水中動物

植物

海帶　浮萍　水生植物　柳樹　荷花　傳説中能成仙成怪的植物

食物

燕窩　花膠　海鮮　河鮮　油鹽醬醋　各式飲料　酒精飲品

靜物

影印機　冒牌貨　模具　圖畫　顏料　蓋子　香水　精油　黑布

景物

江湖河海　地下水　廁所　浴室　溝渠　魚池　酒廊　幽暗地方

神物

水神　福鼠

人物

盜賊　說謊者　神秘人　孕婦　胎兒　妯娌　妻　媳　演員　漁民

人物外表

獐頭鼠目　臉黑瘦肩　神色不定　彎腰駝背

人物性格

反應敏捷　反口覆舌　雙重性格　糊塗　貪心　愛說謊

人體

腎　膀胱　體液　血液　癦　印

7 // 常用神煞

1 天德

正丁二坤宮 • 三壬四辛同

五乾六甲位 • 七癸八艮中

九丙十居乙 • 子巽丑居庚

月份	天德旺相	月份	天德旺相
正月	丁	七月	癸
二月	申	八月	寅
三月	壬	九月	丙
四月	辛	十月	乙
五月	亥	十一月	巳
六月	甲	十二月	庚

課中旺相，能解百禍。

2 月德

月德入課	
「寅午戌」月見	丙
「亥卯未」月見	甲
「申子辰」月見	壬
「巳酉丑」月見	庚

入課能逢凶化吉。

3 天月德合

天月德合就是天德的六合、五合，干支同論。

月份	天德	天月德合
正月	丁	壬
二月	申	巳
三月	壬	丁
四月	辛	丙
五月	亥	寅
六月	甲	己
七月	癸	戊
八月	寅	亥
九月	丙	辛
十月	乙	庚
十一月	巳	申
十二月	庚	乙

4 桃花

桃花入課	
「申子辰」月見	酉
「巳酉丑」月見	午
「寅午戌」月見	卯
「亥卯未」月見	子

入課主男女曖昧之事。

5 驛馬

驛馬入課	
「寅午戌」月見	申
「巳酉丑」月見	亥
「申子辰」月見	寅
「亥卯未」月見	巳

6 天馬

天馬入課	
「正、七」月見	午
「二、八」月見	申
「三、九」月見	戌
「四、十」月見	子
「五、十一」月見	寅
「六、臘」月見	辰

7 天赦

天赦入課	
春	戊寅
夏	甲午
秋	戊申
冬	甲子

如見官訟是非，天赦入課，為絕處逢生。

8 劫煞

劫煞入課	
「申子辰」見	巳
「巳酉丑」見	寅
「寅午戌」見	亥
「亥卯未」見	申

入課主傷災、打鬥之事。

9 災煞

災煞入課	
「申子辰」見	午
「巳酉丑」見	卯
「寅午戌」見	子
「亥卯未」見	酉

災煞又名白虎煞，入課主血光、病痛、牢獄。

10 天羅地網

天羅	「戌」見「亥」
地網	「辰」見「巳」

11 人元見甲

人元或神將干見「甲」，主家有喜慶之事。

12 人元見丁

「丁火」入課主火光傷災、怪夢虛驚、家宅不寧。

13 四大空亡

四大空亡
「子」、「午」旬無水
「寅」、「申」不見金
「甲子」、「甲午」旬見水
「甲寅」、「甲申」旬見金

8 // 天干地支關係表

天干關係表

天干陰陽	
陽	陰
甲	乙
丙	丁
戊	己
庚	辛
壬	癸

天干五行		
天干		五行
甲	乙	木
丙	丁	火
戊	己	土
庚	辛	金
壬	癸	水

天干相合（化合）		
甲	己	化土局
乙	庚	化金局
丙	辛	化水局
丁	壬	化木局
戊	癸	化火局

天干相剋				
甲	乙	▷	戊	己
丙	丁	▷	庚	辛
戊	己	▷	壬	癸
庚	辛	▷	甲	乙
壬	癸	▷	丙	丁

地支關係表

地支陰陽	
陽	陰
子	丑
寅	卯
辰	巳
午	未
申	酉
戌	亥

地支五行			
地支	五行	地支	五行
子	水	午	火
丑	土	未	土
寅	木	申	金
卯	木	酉	金
辰	土	戌	土
巳	火	亥	水

地支生肖

地支	生肖	地支	生肖
子	鼠	午	馬
丑	牛	未	羊
寅	虎	申	猴
卯	兔	酉	雞
辰	龍	戌	狗
巳	蛇	亥	豬

地支相對天干

地支	天干	地支	天干
子	壬	午	丙
丑	己	未	己
寅	甲	申	庚
卯	乙	酉	辛
辰	戊	戌	戊
巳	丁	亥	癸

地支六合		
子	丑	合土局
寅	亥	合木局
卯	戌	合火局
午	未	合火局
辰	酉	合金局
巳	申	合水局

地支六沖	
子	午
丑	未
寅	申
卯	酉
辰	戌
巳	亥

地支六破	
子	酉
午	卯
中	巳
寅	亥
辰	丑
戌	未

地支六害	
子	未
丑	午
寅	巳
申	亥
卯	辰
酉	戌

地支三合			
亥	卯	未	合木局
寅	午	戌	合火局
巳	酉	丑	合金局
申	子	辰	合水局

地支相刑			
寅	巳	子	卯
巳	申	午	午
申	寅	辰	辰
丑	戌	酉	酉
戌	未	亥	亥
未	丑		

地支四絕		
寅	酉	金絕
申	卯	木絕
巳	子	水絕
亥	午	火絕

地支時辰對照			
子	11pm - 1am	午	11am - 1pm
丑	1am - 3am	未	1pm - 3pm
寅	3am - 5am	申	3pm - 5pm
卯	5am - 7am	酉	5pm - 7pm
辰	7am - 9am	戌	7pm - 9pm
巳	9am - 11am	亥	9pm - 11pm

十二長生表

狀態 / 天干	長生	沐浴	冠帶	臨官	帝旺	衰	病	死	墓	絕	胎	養
甲	亥	子	丑	寅	卯	辰	巳	午	未	申	酉	戌
乙	午	巳	辰	卯	寅	丑	子	亥	戌	酉	申	未
丙	寅	卯	辰	巳	午	未	申	酉	戌	亥	子	丑
丁	酉	申	未	午	巳	辰	卯	寅	丑	子	亥	戌
戊	寅	卯	辰	巳	午	未	申	酉	戌	亥	子	丑
己	酉	申	未	午	巳	辰	卯	寅	丑	子	亥	戌
庚	巳	午	未	申	酉	戌	亥	子	丑	寅	卯	辰
辛	子	亥	戌	酉	申	未	午	巳	辰	卯	寅	丑
壬	申	酉	戌	亥	子	丑	寅	卯	辰	巳	午	未
癸	卯	寅	丑	子	亥	戌	酉	申	未	午	巳	辰

五行四季旺衰表

	木	火	水	金	土
春	旺	相	休	囚	死
夏	休	旺	囚	死	相
季末	囚	休	死	相	旺
秋	死	囚	相	旺	休
冬	相	死	旺	休	囚

季末為辰月、未月、戌月、丑月。

空亡旬首表

旬首		六十甲子時辰										空亡	宮位
甲子	戊	甲子	乙丑	丙寅	丁卯	戊辰	己巳	庚午	辛未	壬申	癸酉	戌亥	乾
甲戌	己	甲戌	乙亥	丙子	丁丑	戊寅	己卯	庚辰	辛巳	壬午	癸未	申酉	坤兌
甲申	庚	甲申	乙酉	丙戌	丁亥	戊子	己丑	庚寅	辛卯	壬辰	癸巳	午未	離坤
甲午	辛	甲午	乙未	丙申	丁酉	戊戌	己亥	庚子	辛丑	壬寅	癸卯	辰巳	巽
甲辰	壬	甲辰	乙巳	丙午	丁未	戊申	己酉	庚戌	辛亥	壬子	癸丑	寅卯	艮震
甲寅	癸	甲寅	乙卯	丙辰	丁巳	戊午	己未	庚申	辛酉	壬戌	癸亥	子丑	坎艮

十天干寄宮

甲寄寅宮，乙寄辰宮，丙戊寄巳宮，丁己寄未宮，

庚寄申宮，辛寄戌宮，壬寄亥宮，癸寄丑宮。

丙、戊 巳	午	丁、己 未	庚 申
乙 辰			酉
卯			辛 戌
甲 寅	癸 丑	子	壬 亥

9// 金口訣起課方法

月將

登明亥水正月將　　**河魁**戌土二月將

從魁酉金三月將　　**傳送**申金四月將

小吉未土五月將　　**勝光**午火六月將

太乙巳火七月將　　**天罡**辰土八月將

太沖卯木九月將　　**功曹**寅木十月將

大吉丑土十一月將　　**神后**子水十二月將

大六壬金口訣定「月將」有兩種方法，分別是以節取和氣取。後者中氣換將比較傳統，例如正月應該在雨水後用「登明」為「月將」，當然你用月建為「月將」也可以。

貴神

貴神（丑）	螣蛇（巳）	朱雀（午）
六合（卯）	勾陳（辰）	青龍（寅）
天空（戌）	白虎（申）	太常（未）
玄武（子）	太陰（酉）	天后（亥）

簡稱：神蛇雀合勾青，天虎常武陰后。

金口訣起課方法

1 排四柱

於網上查找年、月、日、時的干支。

例: 2015/10/18 — 14:32

年:乙未

月:丙戌

日:丁卯

時:丁未

2 定地分

定地分是金口訣起課的重要因素,地分也叫地方,常用以時間、方向、數字、顏色、聲音屬相等方法。例如當事人從南方來,即以午為地分起課,屬相要轉化為地支,數字控制在1～12,1為子,2為丑等。

子	丑	寅	卯	辰	巳	午	未	申	酉	戌	亥
1	2	3	4	5	6	7	8	9	10	11	12

3 定將神

首先要知道當下是甚麼月建，再找與其相合的地支就是「月將」。

如本月為戌月，卯戌相合，卯為「月將」。

根據歌訣：月將加時方上轉，順數到地分為將神。

例：　地分：午

戌月：卯月將

時辰：未

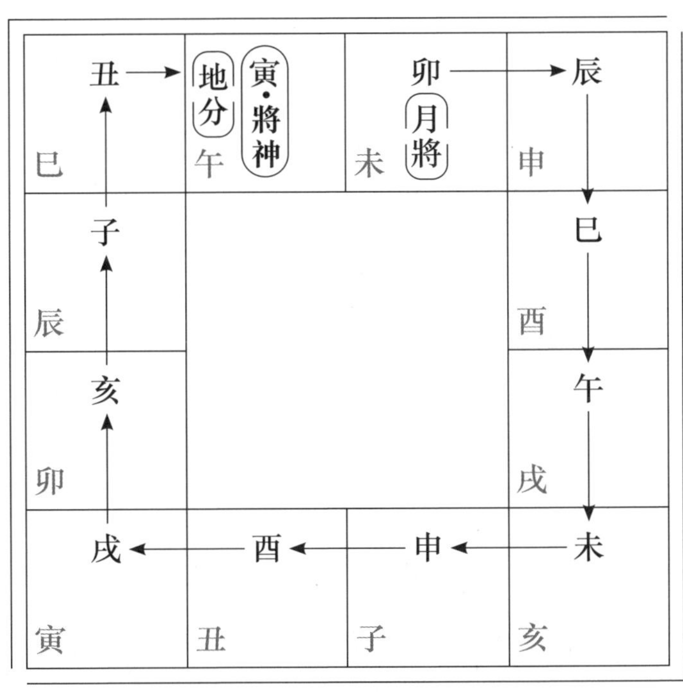

地分「午」上的「寅」就是「將神」。

4 定貴神

4.1 先找出貴人，分出陰陽。根據歌訣：

甲戊庚牛羊 • 乙己鼠猴鄉

丙丁豬雞位 • 壬癸蛇兔藏

六辛逢馬虎 • 此是貴人方

用神天干	甲戊庚	乙己	丙丁	壬癸	辛
白天陽貴人	牛丑	鼠子	豬亥	蛇巳	馬午
夜晚陰貴人	羊未	猴申	雞酉	兔卯	虎寅

白天：巳、午、未、申、酉、戌六個時辰。

夜晚：亥、子、丑、寅、卯、辰六個時辰。

4.2 定順逆行

陽位：亥、子、丑、寅、卯、辰，順行數到地分。

陰位：巳、午、未、申、酉、戌，逆行數到地分。

例：　地分：午

丁卯日

丁未時

根據歌訣：日干為「丁」，「丙丁豬雞位」。因為未時為白天，要用陽貴人「豬亥」，「亥」在陽位，所以順數到地分。

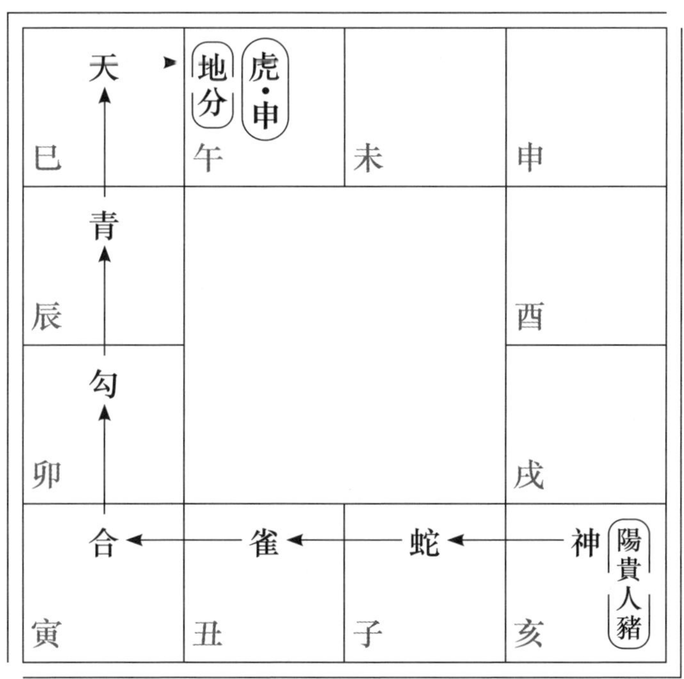

注意：由甲到庚七日，陽貴順行，陰貴逆行。

壬癸辛三日，陽貴逆行，陰貴順行。

4.3　從「亥」位起「貴神」，順排到「地分午位」為「白虎申金」。

5 定人元

根據「五子元遁」歌訣 ：

甲己還加甲 • 乙庚丙作初

丙辛起戊子 • 丁壬庚子居

戊癸起壬子 • 時元從子推

*「人元」是當天的「日干」遁到「地分」處。

例：　地分：午

丁卯日

根據歌訣：丁壬庚子居，即是「丁日」或「壬日」，「庚」落「子」位順數至「午」位，得「丙」天干。

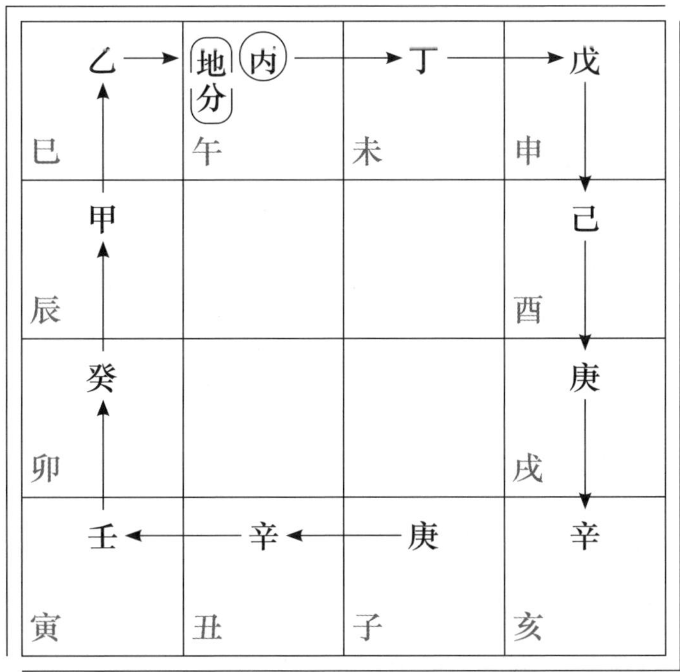

6 定空亡

用日子定「空亡」，根據「空亡旬首表」（見152頁），丁卯日為戌亥空亡。

7 定用神

一課起完後，要把「用神」找出來。根據：

- 三陽一陰，以陰為用。
- 三陰一陽，以陽為用。
- 二陰二陽，以將為用。
- 純陰反陽，以將為用。
- 純陽反陰，以神為用。

8 定課內旺衰

確定旺神的原則：

1 剋者為旺

例：

年	丙申	**人元**	**甲**		木	相
月	庚子	**貴神**	**乙亥**	天后	水	旺
日	甲戌	**將神**	**庚午**	勝光	火	死
時	辛未	**地分**	**子**		水	旺

定旺衰時，貴神天干和將神天干不參與。三陽一陰，以陰為用，即「貴神」為用。

2 同類多者為旺

例：

年	辛丑	**人元**	**戊**		土	旺
月	乙未	**貴神**	**戊辰**	勾陳	土	旺
日	己未	**將神**	**丁卯**	太沖	木	囚
時	辛未	**地分**	**辰**		土	旺

三陽一陰，以陰為用，即「將神」為用。

3 被生者為旺

例：

年	辛丑	**人元**	**庚**		金	休
月	乙未	**貴神**	**庚子**	玄武	水	旺
日	丁巳	**將神**	**戊申**	傳送	金	休
時	庚戌	**地分**	**子**		水	旺

純陽反陰，以「神」為用，即以「貴神」為用。

金口訣有多種門派，心法各異，常見的起貴神方法有兩種：一是以「辰戌」為界，上為白天，下為夜晚；另外是以日出日落為界，有時天陰或下雨，不見太陽，時間接近傍晚，就用陰貴神。此課〈3〉就是以陰貴神雞酉起課。後面的例子還會出現這種現象，希望各位留意。

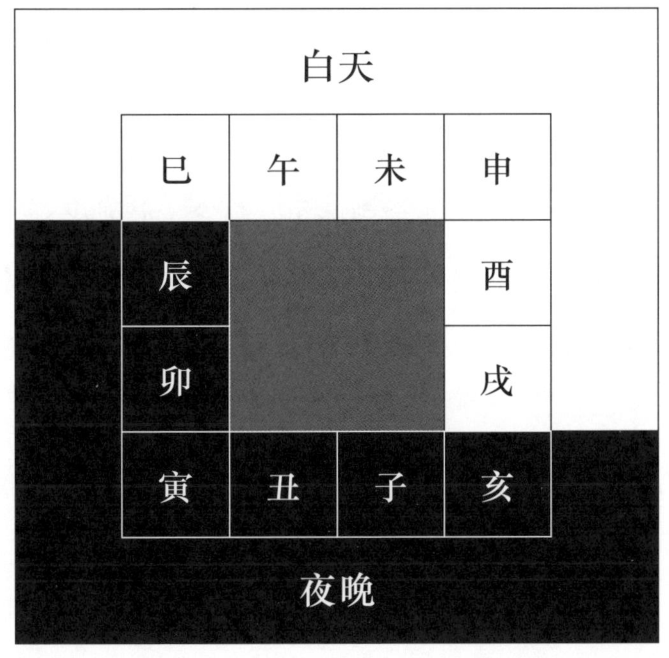

＊ 上為白天，下為夜晚。

4 無剋者為旺

例：

年	辛丑	**人元**	**甲**		木	相
月	乙未	**貴神**	**壬申**	白虎	金	休
日	甲子	**將神**	**己巳**	太乙	火	死
時	乙丑	**地分**	**子**		水	旺

三陽一陰，以陰為用，此課金剋木、火剋金、水剋火、子水無剋為旺。同時要知道：旺剋者為死，旺生者為相，生旺者為休，剋旺者為囚。旺於月令為真旺，虛於月令為假旺，真旺的力量比假旺的力量大。

9 完整課體如下

例：2015/10/18 — 14:32

年：乙未

月：丙戌

日：丁卯

時：丁未

1 地分：午

年	乙未	**人元**	**丙午**			火	旺
月	丙戌	**貴神**	**戊申**	白虎	*刑	金	死
日	丁卯	**將神**	**壬寅**	功曹		木	休
時	丁未	**地分**	**丙午**			火	旺

此課純陽反陰。以神為用（*）。也可以把人元丙寫成同類「丙午」，把地分「午」添加同類「丙」，寫成「丙午」。現將餘下的十一課都起出來，讓大家練習。

2 地分：子

年	乙未	**人元**	**庚申**			金	休
月	丙戌	**貴神**	**乙巳**	螣蛇	*刑	火	死
日	丁卯	**將神**	**戊申**	傳送	刑	金	休
時	丁未	**地分**	**壬子**			水	旺

此課三陽一陰，以陰為用。子水無剋為旺。

3 地分：丑

年	乙未	**人元**	**辛酉**			金	死
月	丙戌	**貴神**	**丙午**	朱雀	*	火	旺
日	丁卯	**將神**	**己酉**	從魁		金	死
時	丁未	**地分**	**己丑**		刑	土	相

此課三陰一陽，以陽為用。剋者為旺。

4 地分：寅

年	乙未	**人元**	**壬子**			水	休
月	丙戌	**貴神**	**癸卯**	六合	*	木	旺
日	丁卯	**將神**	**庚戌**	河魁	空刑	土	死
時	丁未	**地分**	**甲寅**			木	旺

此課三陽一陰，以陰為用。無剋者為旺。

5 地分：卯

年	乙未	**人元**	**癸亥**		空	水	休
月	丙戌	**貴神**	**甲辰**	勾陳	*	土	死
日	丁卯	**將神**	**辛亥**	登明	空	水	休
時	丁未	**地分**	**乙卯**			木	旺

此課三陰一陽，以陽為用。無剋者為旺。

6 地分：辰

年	乙未	**人元**	**甲寅**			木	旺
月	丙戌	**貴神**	**壬寅**	青龍	*	木	旺
日	丁卯	**將神**	**庚子**	神后	刑	水	休
時	丁未	**地分**	**戊辰**			土	死

此課純陽反陰，以神為用。剋者為旺。

7 地分：巳

年	乙未	**人元**	**乙卯**			木	旺
月	丙戌	**貴神**	**庚戌**	天空	*空刑	土	死
日	丁卯	**將神**	**辛丑**	大吉	刑	土	死
時	丁未	**地分**	**丁巳**			火	相

此課三陰一陽，以陽為用。剋者為旺。

8 地分：未

年	乙未	**人元**	**丁巳**			火	相
月	丙戌	**貴神**	**丁未**	太常	刑	土	死
日	丁卯	**將神**	**癸卯**	太沖	*	木	旺
時	丁未	**地分**	**己未**		刑	土	死

此課純陰反陽，以將為用。剋者為旺。

9 地分：申

年	乙未	**人元**	**戊戌**		刑	土	旺
月	丙戌	**貴神**	**庚子**	玄武	*	水	死
日	丁卯	**將神**	**甲辰**	天罡		土	旺
時	丁未	**地分**	**庚申**			金	相

此課純陽反陰，以神為用。剋者為旺。

10 地分：酉

年	乙未	**人元**	**己未**		刑	土	相
月	丙戌	**貴神**	**己酉**	太陰		金	死
日	丁卯	**將神**	**乙巳**	太乙	*	火	旺
時	丁未	**地分**	**辛酉**			金	死

此課純陰反陽，以將為用。剋者為旺。

11 地分：戌

年	乙未	**人元**	**庚申**			金	相
月	丙戌	**貴神**	**辛亥**	天后	*空	水	死
日	丁卯	**將神**	**丙午**	勝光		火	休
時	丁未	**地分**	**戊戌**		空刑	土	旺

此課三陽一陰，以陰為用。無剋者為旺。

12 地分：亥

年	乙未	**人元**	**辛酉**			金	相
月	丙戌	**貴神**	**辛丑**	貴神	刑	土	旺
日	丁卯	**將神**	**丁未**	小吉	*刑	土	旺
時	丁未	**地分**	**癸亥**		空	水	死

此課純陰反陽，以將為用。剋者為旺。

10 壬、癸、辛日干起課

例 1) 2015/10/23 — 16:34

地分：午

戌月：卯月將

時辰：申

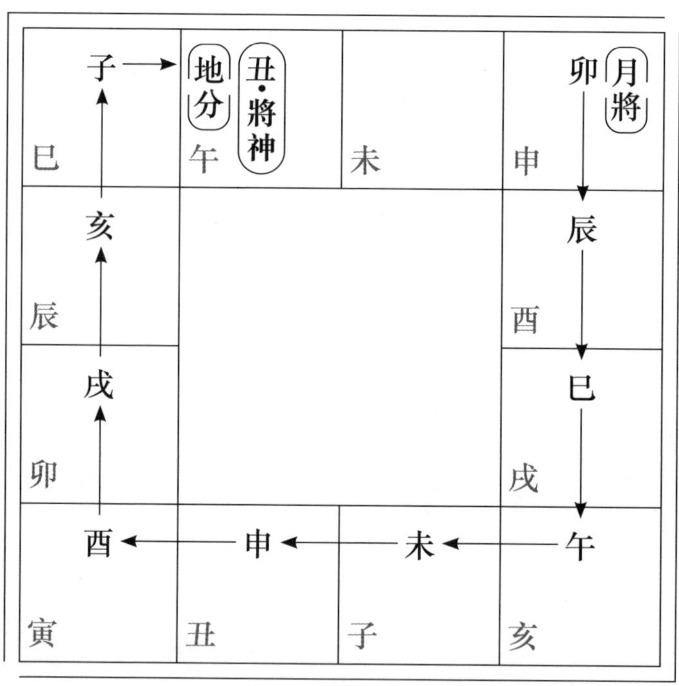

地分「午」上的「丑」就是「將神」。

地分：午

壬申日

戊申時

根據歌訣：日干為「壬」，「壬癸蛇兔藏」。因為申時為白天，要用陽貴人「蛇巳」，「巳」在陽位，壬癸辛三日，陽貴逆行，陰貴順行，所以逆數到地分。

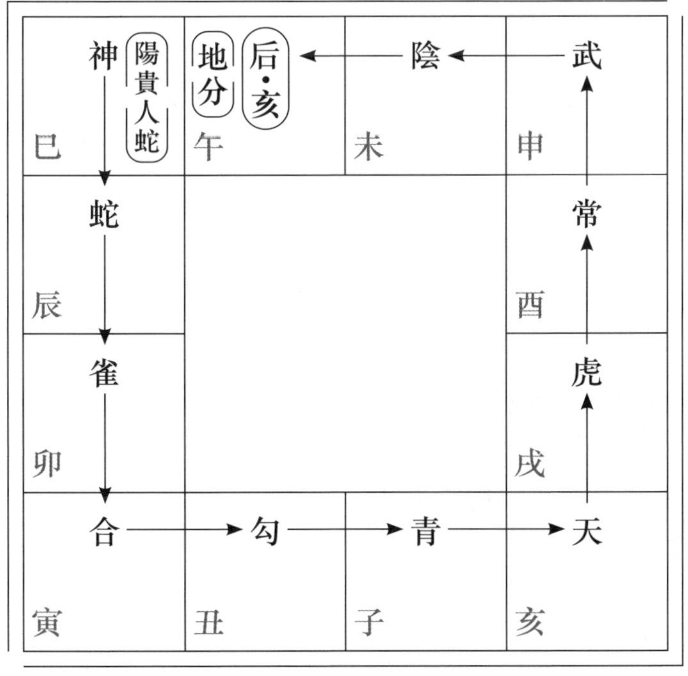

從「巳」位起「貴神」，逆排到「地分午位」為「天后亥水」。

例 1) 2015/10/23 — 16:34

年：乙未

月：丙戌

日：壬申

時：戊申

地分：午

年	乙未	**人元**	**丙午**			火	休
月	丙戌	**貴神**	**辛亥**	天后	空	水	死
日	壬申	**將神**	**辛丑**	大吉	＊刑	土	旺
時	戊申	**地分**	**丙午**			火	休

二陰二陽，以將為用。無剋為旺。

例2) 2015/10/24 — 12:40

地分：未

年	乙未	**人元**	**己未**		空刑	土	旺
月	丙戌	**貴神**	**辛酉**	太陰	刑	金	相
日	癸酉	**將神**	**丙辰**	天罡	*	土	旺
時	戊午	**地分**	**己未**		刑	土	旺

癸酉日，貴神要逆行到地分，三陰一陽，以陽為用。土旺金相。

例3) 2015/10/22 — 10:28

地分：申

年	乙未	**人元**	**丙午**			火	旺
月	丙戌	**貴神**	**丁酉**	太陰	*	金	死
日	辛未	**將神**	**甲午**	勝光		火	旺
時	癸巳	**地分**	**庚申**		刑	金	死

辛未日，貴神要逆行到地分。三陽一陰，以陰為用。剋者為旺。

10// 金口訣解課歌訣

「入式歌言」

入式之法妙通玄，月將加時方上傳。

更看何神同何位，日干須用五子元。

剋者為無從旺斷，五行之內細推完。

更將神將詳凶吉，方察來人見的端。

二木為爻求難得，二土比和遲晚看。

二金刑剋都無順，二火為災百事殘。

二水皆為大吉象，水來入火婦難安。

金入木鄉憂口舌，火臨金位有屯邅。

木來入土為刑獄，土行水上競莊田。

上剋下兮從外入，下剋上兮向外遷。

客剋主兮來索物，主剋客兮客空還。

四位相生百事吉，內有刑剋憂患纏。

但取寅申為貴客，子午卯酉吃食言。

巳亥常為乞索物，小吉婦女酒食筵。

水土金火為窰灶，庚辛碓磨及門窗。

庚午改門並接屋，四孟相生有草房。

丙丁旺處人最惡，與姓相生子孫昌。

四位相刑主有剋，上下相生福滿堂。

上剋下兮宅必下，下剋上兮嶺頭莊。

甲乙為林單為樹，見金枝損及皮傷。

丙丁旺處為高嶺，庚辛為道斜正詳。

戊己為墳看旺處，土為墳隴痛苦殃。

壬癸長河及溝澗，彎環曲折認刑傷。

大樹死時家長死，水上來穿近澗旁。

貴神神祠並堂殿，太陰碓磨共相連。

前一螣蛇為窰灶，朱雀巢窩空裏懸。

六合樹木看生死，勾陳渠澗土堆灘。

青龍神樹並槍刃，天后池塘澗水泉。

玄武鬼神並圖畫，太常酒食五穀昌。

白虎道路及刀劍，天空廟宇道僧仙。

此是孫臏真甲子，天地移來掌內觀。

11// 四象所屬圖

人元
天、君、祖輩、上級、客、外、頭

貴神
臣、官祿、人、父母、主、內、胸

將神
己身、妻、親屬、財、兄弟、腹

地分
地、子孫、奴僕、田宅、車馬、六畜、腳

12// 五動

1 妻動 – 干剋方

妻動於妻妾・官財防損折
占人人在家・訪人人不見
外旁來索取・卑下有口舌
論物多翻正・下旁或有缺

妻動不利求財，占事主妻妾。問婚姻有不成之象，干為男，方為女，男方有意見；即使有成，婚後必有外情。有官求財不利，因地分是副財位，故有失田宅、失財物之說。上剋下，行必有阻，尋人在家，但主人卻不愉快或不肯相見。外剋內，別人來索取，或有外人來騙財爭物。占病主難醫，因干為病，方為醫生，病剋醫生，無藥可救。猜物下面有破損或翻轉倒置。

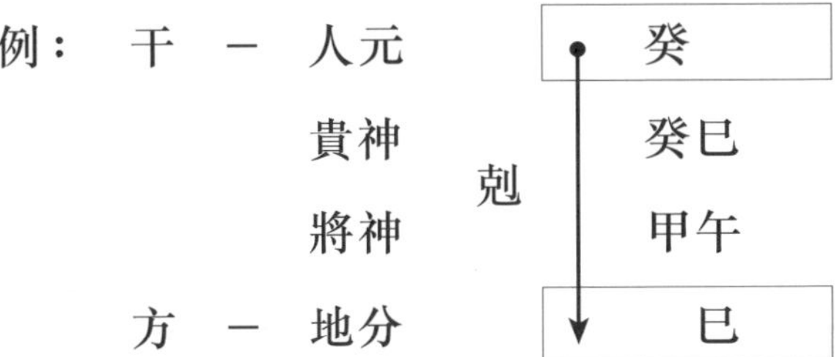

* 干剋方，癸剋巳，即人元剋地分。

2 官動－神剋干

官動利求官・馬逢祿位遷
常人官府事・有官望財難
合得官中物・休從外處幹
得財防暗損・問病在頭咽

有官之人占之大吉，若逢驛馬，必然升官轉職。平民百姓見官動，反而有官訟是非。不利求財，因財動剋官。官動逢合，得官場之財，因同僚來送禮物。人元受剋，事在自己不宜外求，人元又為上級，所以要暗中送禮物或錢財。問病在咽喉或頭部，受剋指頭部有損傷、疤痕、黑痣等。

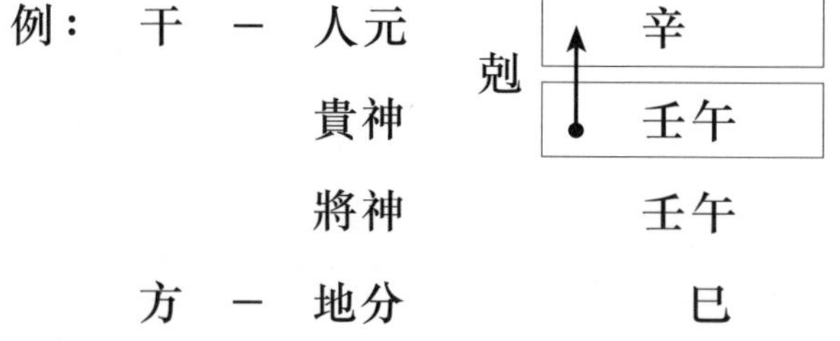

＊ 貴神剋人元，即午剋辛。

3 賊動－神剋將

賊動內賊生・勾連詐不明
損財卑幼病・謀望必無成
架構奸私意・偷攘宛轉名
內爻終暗昧・病恐亦非輕

賊動指裏外勾結盜取家中財物，將為妻財位，被剋，除了破財，妻子肯定有病，留意腹部、腎、生殖系統方面疾病。神將相剋，將相不和，為任何事情都不會成功。妻財受剋必有奸私之事或有不明財產損失，也指婦女持家無能或有過失。內爻指內部曖昧之事。問病比較嚴重。

例：

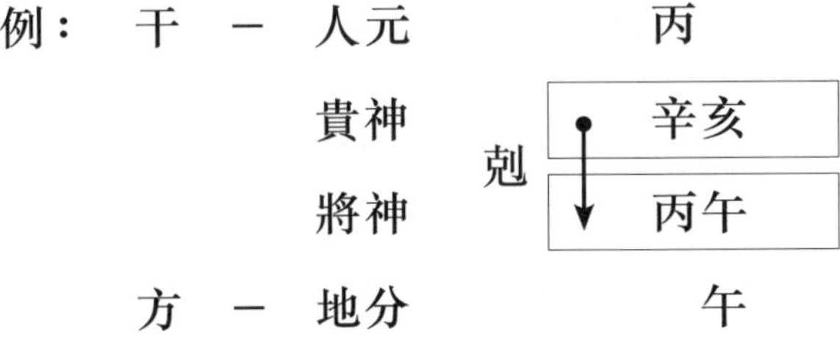

＊ 貴神剋將神，即亥剋午。

4 財動－將剋神

財動利求財．占官定不諧
家中人出外．妻妾並身災
疾病憂難瘥．營求喜自來
財物終有損．職位恐多乖

財動，將為內爻剋外，求財必得，但要親力親為。下剋上，也有出外求財之意。將動剋官，不利求官，多因貪財而致失官。貴神受剋，病在胸部，醫藥難治。求財須動本錢，猜物有破損。慎防女人糾纏而損傷官職。

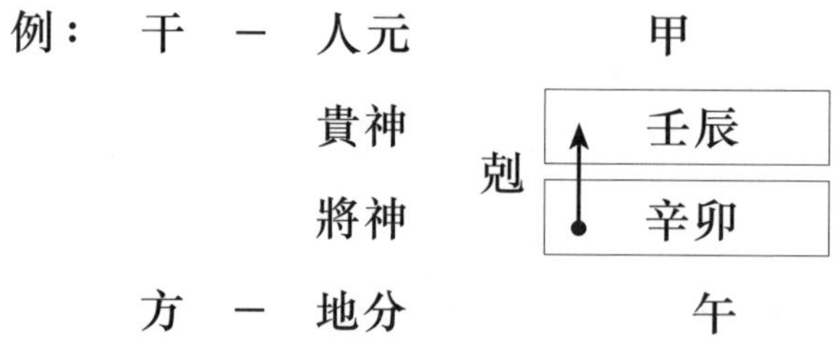

＊ 將神剋貴神，即卯剋辰。

5 鬼動－方剋干

鬼動憂災怪 • 官亨人出外
爭訟帶他人 • 乖戾因間外
口舌共喧爭 • 冤仇皆損害
痊病物仰合 • 家宅未安泰

占事主家中有災怪之事發生。求官吉，又主家中有人外出，在外吉利，在家不順。問官司，主受到牽連，朋友反目成仇。官動、鬼動，逢驛馬為異地升遷，若只有官動，本地升官。人元受剋，必有口角是非，事從內部引起，因官司而相互損害，令家宅未安寧。干為病人，方為醫生、醫藥，醫生剋病人，病容易治好。猜物件為上下顛倒位置。

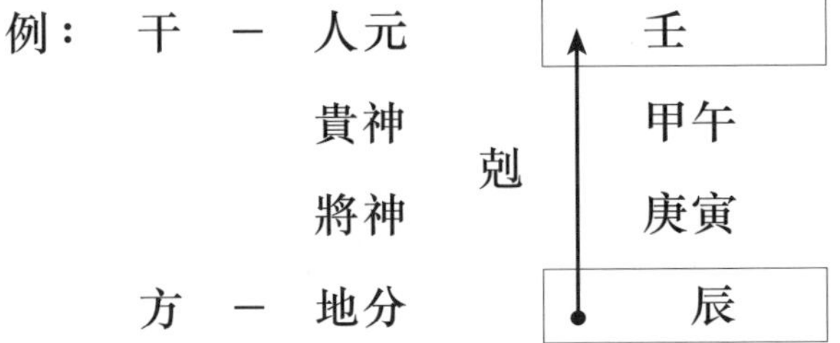

* 方剋干，辰剋壬，即地分剋人元。

13// 三動

1 父母動－方生干

方生干為父母動 • 尊長之喜印綬通

父母為印綬，下生上，指小輩尊重長輩，大吉之象。求文書、書信、職稱、考學等可得。

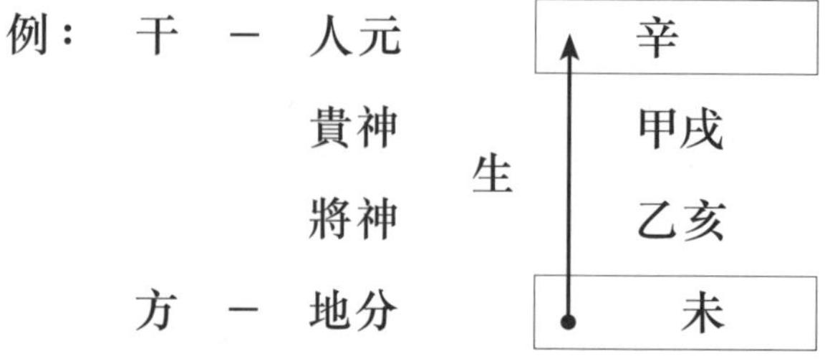

* 地分生人元，即未生辛。

2 子孫動－干生方

干若生方子孫興 • 事關晚輩喜盈盈

子孫動主子孫事，小吉之象，又主添人進口，外人送來財物。

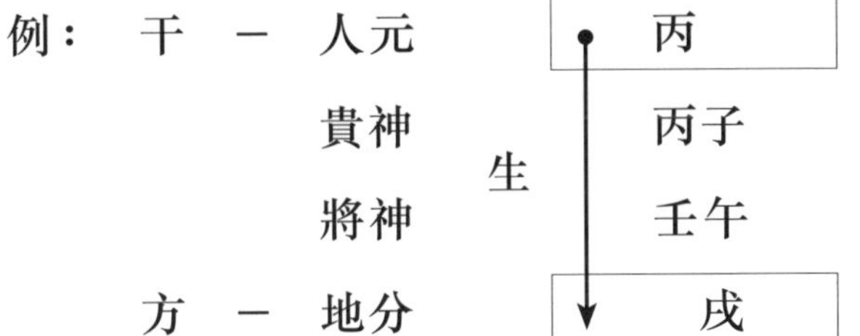

* 人元生地分，即丙生戊。

QIMEN BEING
Here There & Everywhere

3 兄弟動－干方同類

干方同為兄弟動 • 事在比肩為小凶

干方同動，事在兄弟朋友之間，有爭吵不和之象，謀事為小凶。

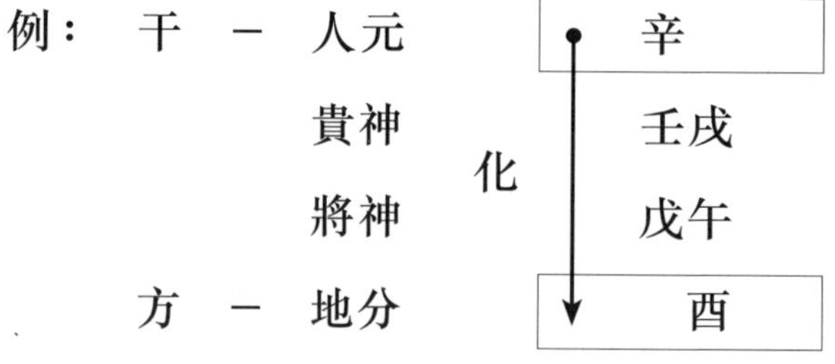

* 干方相同，即辛化酉。

14// 論干神將方

干來剋神主傷官，常人損財官事散

外來取索官非生，占訟必敗莫生怨

干剋將兮人不安，求財難得反損錢

更主家內災病生，陽男陰女細推原

生神家富親友來，外來相助喜氣添

干生將兮內外順，干預有物進家園

神生方得貴人憐，內外和順家平安

剋方求事有阻隔，求財雖得須拖延

生將和諧諸事順，得財行人返家園

生干求官須托人，求必得兮尋必見

將生干兮財送人，富貴事遂家和斷

剋干財名俱可得，出門喜事重重見

生方家和子孫興，外助財喜親行遠

剋方傷幼腳傷殘，家產破敗損田園

將若生神必富貴，子孫孝順更妻賢

方若剋神損財錢，尊卑不睦民告官

剋將損財能復得，出外失財妻不安

生神和順求事易，人廣財豐真實言

生將家和幼敬尊，謀望有成婚美滿

15// 四位生剋歌

干剋貴人人謀己，貴人剋干己謀人
方將剋干幼犯長，干剋將神主妻凶
將剋方兮傷小口，重重剋上獨勾縈
重重剋下多災病，內爭外戰亂紛紛
人元生神多富貴，方生神將事和平
將生地分財帛喜，干生貴將友人臨
神生干兮尋人吉，將貴相生孝子孫
位生將主婚姻美，重重生上外人欽
四位相生百事吉，若逢刑剋事還凶
陽多陰少女人事，陰多陽少男子從
干來剋貴失官所，庶者人謀害己財
若憂官事仍消散，胸肋生瘡自己災
人元剋將將剋位，求財不得反成衰
人元剋將方剋貴，所謀難得尊長怪
方生干兮添印綬，干若生方福自來
方刑月將妻財損，月將刑方官事該
干方同類兄弟動，朋輩相逢事放懷

16// 金口必備

這是金口訣絕學的重中之重，是高級班的內容，簡單直接，一矢中的 。

- 人元剋貴神為外剋內，外人來索取物件或來要債。

  如問工作，當事人被上級針對，升職無望，慎防被他人排擠孤立。

  占病則病在心胸，再結合五行斷之，如酉為呼吸系統。

  打官司為典型的客剋主，人元為客，貴神為主，這兩位的關係非常重要，不要調亂。

  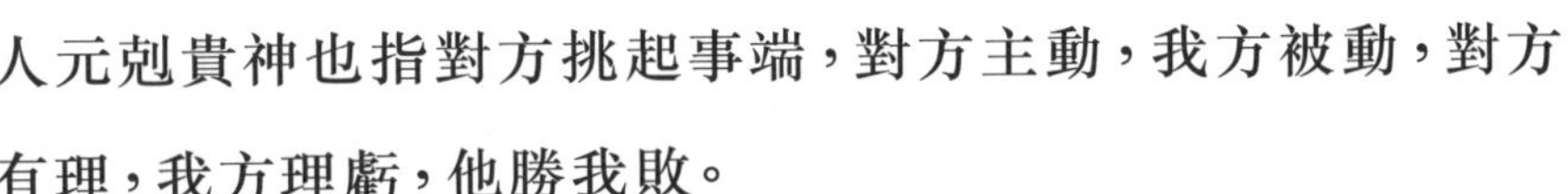

  人元剋貴神也指對方挑起事端，對方主動，我方被動，對方有理，我方理虧，他勝我敗。

  如占婚姻則主男方不願意，因人元為男，貴神為女。如女占，此段婚姻必難成功。

  如人元剋將神，則必有傷妻、損財之事。

- 地分受剋，則損六畜，家中小朋友有傷病，房屋有損壞，占病則多為下肢有傷痛。如一土三木，腰腳、鵝鴨，三木在上剋下土，當事人走路不穩，搖搖擺擺的樣子。

- 內剋外為我剋他，我方主動出擊，對方被動承受。
- 方剋干為鬼動，利出外求財、求官或家中有在外之人。占官司主受人牽連。占病反而吉利，因為干為病人，方為醫生，醫生剋制病人，主病能治好。
- 方剋貴神則是以下犯上、以小欺大、民告官，也有力不從心的感覺。
- 方剋將，將神為財位，必有損財之事，又主失而復得。如神將受剋，不管哪一位剋它們，都主當事人必損財富，尤其是神剋將為賊動，除了破財之外，還主求事、謀望必無成。
- 神剋方，主隔手求財，雖然不順利，但會成功，只不過會拖延一點時間。因方為副財位，外生內，主有外人送東西給自己，也主外人尋找我，求我辦事或幫忙。
- 占婚姻見人元生貴神，客生主，必是男追女，女占則易成功；如男占遇此課，則成敗難說。如占官司，人元生貴神，則打不起來，對方會主動讓步求和，或我勝他負。

- 貴神生人元，主生客，占婚姻則是女追男，男占易成，因主動權在男方，女占反而不吉。如問官司，我方主動讓步求和，一般來説，主客指的是人元與貴神的關係（地分和將神不包括在內）。如：客剋主兮來索物，主剋客兮客空還。

- 貴神與將神相生，必是妻賢子孝、富貴榮華、夫妻和睦、樂也融融。神生方，能得到貴人的幫助，或得到上司的提拔。

- 將生方，主兒孫聰明、六畜興旺、家業豐厚。

- 合局與分局要注意，干生神，方生將為合局相生。干剋神，方剋將為合局相剋。神生干，將生方為分局相生。神剋干，將剋方為分局相剋。歌訣：分局相剋成須破，合局相生共力為。

- 應期：刑沖剋害應凶，逢生合無傷應吉年月日時。

金口直斷21例

＊案例中所有人物、公司或機構稱呼皆為化名以保障當事人私隱。

實例1

此課三陽一陰，以陰為用，
取象少陰，事在女子。

2016/07/13 — 13:34

年	丙申	人元	甲寅			木	休
月	乙未	貴神	丙申	白虎		金	死
日	丙申	將神	癸巳	太乙	*空刑	火	旺
時	乙未	地分	丙午			火	旺

先找動點

貴神剋人元，官動。將神剋貴神，財動。

干生方為子孫動，用神癸巳臨劫煞，地分臨災煞。

金口直斷

郭小姐問事

1. 郭小姐近月走動很多，但都是白忙，做不出實質成績來。

(將神癸巳為用，自剋和自帶馬星逢空亡。)

應證：郭小姐與朋友合夥經銷化妝品生意，走遍中港台，回報差強人意。

2. 這生意出現了狀況令你深深不忿。

(巳亥常為乞索物，因求不得而生悶氣。)

應證：郭小姐表示公司的工作幾乎只有她一個人做，但利潤分配不合理。

3. 這次來訪是因為有官司纏身，而且禍不單行，對方陣營有高層人士。

(平民百姓見官動指有官訟是非，寅申相剋相刑，臨白虎也指有官司。)

(寅刑巳刑申為多方，見真太歲丙申入課為高層人士。)

應證：被零售商及生產商分別控告違反協議。

4. 你現時各方面和對方實力懸殊，把公司轉售躲災避難方為上策。

(貴神丙申臨死氣為回天乏術。丙加癸，格局為華蓋悖師，陰人陷害，災禍頻生。)

應證：委託的律師早已向她明示毫無勝算，只是她心有不甘。可幸她仍聽勸告，在下一個月份 *(丙申月為真月令入課)* 把公司轉售，把損失減至最低，否則到了戌月，問題便一發不可收拾。

(寅午戌合火局剋貴神申金，又地分午火，將神巳火刑剋貴神公司。正應歌訣：二火為災百事殘。)

5. 郭小姐還有其他生意，都是和人合夥的。

(課中見巳申六合，寅午半三合。)

應證：郭小姐現有另外兩門以女性客户為對象的合夥生意，想知道財運如何。

(2012、2014和2015年特別不好，因為辰巳乃天羅地網，而午年為：方若剋神損財錢，尊卑不睦民告官；未年與午合化火剋貴神。今年2016申臨貴神遇白虎，又被午剋巳刑。)

(明年2017酉年為財入局，可以得財。)

6. 閣下婚姻不吉屬分離格，在2015年離婚了。

(未年與午合化火剋貴神又與將神相刑，用神臨空亡為虛假婚姻。)

郭小姐苦笑不答。

7. 身體有點老毛病，呼吸系統不好，下雨或陰天時會腳痛。

(丙申、巳午火刑剋為肺部有燥火。)

(午火見水局為災煞，應在腳部。)

應證：郭小姐經常乾咳，連同腳的風濕痛久治不癒。

(去掉右肩的黑痣，腳痛問題便得以破解。)

實例2

本課純陽反陰，以神為用。

2016/05/24 — 20:07

年	丙申	**人元**	**戊戌**	壬·庚		土	旺
月	癸巳	**貴神**	**戊子**	玄武	*	水	死
日	丙午	**將神**	**戊戌**	河魁		土	旺
時	戊戌	**地分**	**壬子**			水	死

這課戌時天氣陰沉，所以用陰貴人酉雞起課。

先找動點

將神剋貴神為財動，人元剋地分為妻動，午戌半合見子為災煞。

金口直斷

李先生問事

1. 李先生被一件憂愁之事困擾，壓力很大，控制不到自己的情緒，經常無緣無故亂發脾氣。

   (戊子入課為截路空亡，指百事不順。)

   (貴神為用，戊子本身自剋為壓力過大，納音霹靂火為焦躁不安。)

   應證：李先生懷疑自己患上焦慮症。

2. 你並非家中獨子，雖然學歷不高，但對錢財方面很有想法。

   (課中用神見人元生合。)

   (玄武為聰明，但用神戊剋子，逢死氣反指讀書成績差。)

   應證：家中還有一位姐姐，李先生完成初中後便沒有繼續升學。

3. 你的財運不錯，但在2010年花了不少錢，同年家中老人身體欠佳。

(將神財位旺。)

(寅剋戌為破財。)

(寅年沖太歲剋人元，指長輩身體不好。)

應證：李先生現為公司老闆，2010年修了房子，當年父親身體出現問題。

4. 2011年花費更多，應該是買了房子或車子，同年出現官司訴訟。

(卯為房子或車，見卯戌既合又剋，花費必多。)

應證：當年買了貴價房子，官司訴訟是被公司員工起訴合約內容處理不公。

(貴神為工作，地分為員工，子卯相刑必有口角是非。)

5. 2012年出現新合夥人或與人合作其他投資項目，這年也要破財。

(辰年見申子三合水局，為有合夥人進公司；財位將神戌土被辰沖為破財。)

應證：公司有合夥人加入，擴充了規模，李先生也不得不加大投資。

6. 公司雖然管理不善，但2013年財運依然不錯。直至2014年公司財務出現問題，收穫還是甚為豐厚，可說是財來自有方。

(巳年與貴神子水相絕，與將神財位相生又臨月建當旺，因而得財。)

(午年與貴神子水相刑沖，午為文件帳本，子為玄武代表不清晰。午火臨日神相合生財位，亦為得財。)

應證：李先生這兩年生意很好，公司擴展後管理方面確是非常混亂，但進賬增幅卻甚為理想。

7. 2015年有官訟是非，要破財，面臨重大壓力。

(未年剋貴神子水，刑財位將神戌土，必有是非口角。)

應證：公司內部矛盾解決不了，出現糾紛。

8. 2016年公司業績蒸蒸日上，只是辰月有破財之象。2017年生意更好。

(申年生合貴神子水，到了辰月反沖將神財位。)

(酉年生貴神子水。)

應證：公司在辰月重新調整，各方面開支頗大。

9. 你的婚姻不吉，2012年縱不離婚也要分居。

(將神戌土剋貴神子水。干剋方為妻動，「妻動於妻妾，官財防損折」，測婚主男嫌女，婚後亦有婚外情。)

(申子辰三合沖將神妻位。)

應證：李先生因遇上第三者，在2012年年初與妻子結束婚姻關係。

奇門遁甲
奇門在此
QIMEN BEING
Here There & Everywhere

實例3

本課三陽一陰，以陰為用。

2018/02/14 — 14:12

年	戊戌	**人元**	**壬子**			水	旺
月	甲寅	**貴神**	**癸卯**	六合	*	木	相
日	丁丑	**將神**	**丙午**	勝光		火	死
時	丁未	**地分**	**甲寅**			木	相

先找動點

干生方為子孫動，癸剋丙為賊動，貴神六合臨災煞。

金口直斷

程先生問事

1. 程先生生財有道，對自己的處事方式充滿信心，只是這次不想衝動誤事才來見我吧！

（貴神癸卯為用，本身自生，卯為門户之神，財自上門。）

（課中見丑未、子午相沖。）

應證：現在與朋友商談開分公司的事情。

2. 你家中大門旁邊有載水的東西，盡量不要開車，你和車緣分不好，容易發生意外。

（壬子水生貴神。）

（貴神癸生卯，壬子生卯，其人必有車；子刑卯，容易因車出意外。）

應證：程先生家大門側放了飲水機。即使平時開車非常謹慎，總是避不了一些碰撞。

3. 有沒有發覺每逢鼠年、兔年、馬年，運氣特別不順？2014年更有官訟是非，而且破財了。

(子、午、卯三刑。)

(午年與卯相刑，破財紛爭是必然的。)

應證：程先生當年買了新房子，收樓時發覺現樓與售樓書不相符，便向發展商提告。

4. 結果雖然是打贏了官司，可是自己佔不到便宜。

(打官司貴神代表自己，人元代表對方，課中人元壬水來生貴神，代表對方主動求和或自己佔理。)

(壬水刑卯木，壬在人元為高層，最終都不會讓步太多。)

應證：結果發展商用管理費和送裝修來彌補過失。

5. 程先生財運果然不俗，2014年雖然破財多，但意外得財更多。

(寅午戌三合，將神財位為多方來財。)

應證：程先生當年收到幾筆大額貨款。

6. 去年工作忙碌，收穫不大。今年終於出現一個發展機會，就在本月和下月，計劃是與人合作的，而且前景預期相當樂觀。

(子午卯酉，四處奔走；卯酉相沖，工作變動。)

(戌年與貴神相合為合作，寅午戌三合財位，為得財之象。本月寅午戌三合，下月為卯戌合。)

應證：2017年長期出差在外，到處洽談毫無進展。現正與朋友商談開分公司的事情。

7. 這件事你似乎事在必行，必須忠告你的是，所有合約條款及法律文件都要做得詳細清晰，稍有差池便會對自己不利。

(太歲戌土入局，合作中有上級參與；又午卯入課為用，主事情聚而復散。卯戌合化火，又指合作不會長久。貴神剋將神為賊動，癸剋丙為華蓋悖師，貴賤逢之皆不利。)

應證：這個合作計劃有高層人士參與，因為有些條文很難處理，怕拆夥分開時自己會吃虧，這也是程先生今次到訪的原因。

8. 工作以外，家中女性也令你費心。近幾年母親身體出現問題，最少做過兩次手術，其中包括了眼科。你的婚姻也不好，是傷妻之命，2014年夫妻關係應該無法繼續了。

(因為午卯刑子。)

(格局干生神，方生將為分局相生，課中見賊動，又午年見子卯為三刑，所以問婚姻必離。)

應證：程母已經做了一次切除胃瘜肉手術，另一次是白內障。程先生在2014年離婚。

* *從格局上還可以知道婚姻出現問題，是因為雙方各自的桃花也很旺盛：前妻寅午戌三合，一個太歲，一個月令，認識的都是做官的。當事人亥卯未虛合，感情也是多姿多采；未為時支，喜歡與年紀小的走在一起。*

實例4

課中三陽一陰，以陰為用。

2018/04/14 — 14:15

年	戊戌	**人元**	**庚申**	戊·甲	空	金	旺
月	丙辰	**貴神**	**辛卯**	六合	*	木	死
日	丙子	**將神**	**壬辰**	天罡		土	休
時	乙未	**地分**	**甲寅**			木	死

先找動點

干剋方為妻動，神剋將為賊動。

金口直斷

朱先生問事

1. 朱先生學歷不高，為人很有正義感，性格直爽，對朋友特別好。

   (貴神主學歷，臨死氣不會高。)

   (卯木的特點。)

   應證：朱先生中專學歷，非常重視友情。

2. 你的性格活躍，工作需要經常走動，在旅途方面的使費頗大。

   (卯為走動之神，辛卯又自帶馬星，自剋為破財。)

   應證：朱先生的貿易生意需要經常出差，往往在酒店洽談業務，門面功夫不可少，因此花費很多。

3. 工作和生活方面開始出現不同變化，為了某些原因每隔不久便要搬遷，肢體又容易受傷，覺得總有些地方不對勁，所以來找我？

(卯酉相沖，搬家沒完。)

(辛卯為用，自帶災煞。)

應證：朱先生苦笑這兩年搬了幾次房子和寫字樓。每次和同事打球或只是普通運動都會弄傷手腳，覺得很沒安全感，想看看是哪裏出了問題。

4. 你家的風水的確對你有影響。你家很通風，尤其夏天風特別大，因為門窗相對。還有老家的房子後面有一個池塘，現在乾涸了。

(這是用人元三遁干起出來的，首先用「五子元遁法」把人元和地分組合成天干地支，並將它們當作日干支「庚寅」，根據歌訣：乙庚丙作初，將丙放在地支子上，順數到寅為戊寅，再將戊寅遁一次，戊癸起壬子，將壬放在子位，順數到寅位，天干為甲為寅為大門，卯為窗户，辛卯為對沖。)

(申子辰合水局。)

(還有屋前的兩條路，一條大路（庚），一條小路（辛）。東面的小路行車困難，「卯」為東，辛為酉為小路，卯為車，酉沖卯是也。大路為南北走向，門前有棵大樹，在2016年被砍了或被修剪過，「申」剋三遁干甲，甲為大樹，小路的樹經過被破壞，辛庚剋卯。)

應證：朱先生其後把有問題的地方儘快處理。

5. 你家人與佛道有緣，可是兄弟姊妹感情不深，可謂各自修行，其中有人是當警察的。

   (辰僧卯道是也。)

   (人元甲與地分寅組成兄弟動。「干方同為兄弟動，事在比肩為小凶」。)

   (人元見庚為當兵，如被火剋則斷有傷病、血光之災。)

   應證：朱家三代拜神敬佛，兄弟成家後很少來往。朱先生本人年少時曾經當過警察。

6. 身體方面，要留意腰部受過傷的後患，以及小心飲食，因為你的消化系統很容易出問題。

(辰被寅卯所剋，辰為腰，腰上有顆黑痣，要先把它脱掉再看腰傷，才能徹底解決問題。)

(天干戊土剋壬水。)

(辰土為腸胃被木剋。)

應證：朱先生腰部的後患源自多年前不慎在樓梯失足跌傷。腸胃偏弱，平時不敢吃生冷食物。

7. 上輩中有在外傷亡的人。

(庚辛剋甲。)

應證：大伯在山東去世。

8. 2011、2012這兩年婚姻不好，小心今年會再出現問題。

(卯年臨貴神剋將神妻位，辰年與妻位自刑，課中妻動，但離不了婚。)

(格局干剋神，方剋將為合局相剋，也指成須破。戌年外面有人來合當事人卯，沖妻位辰。又辛加壬為凶蛇入獄，兩男爭女，訟獄不息，先動失理。)

應證：朱先生2012年和妻子分居，婚姻問題的導火線乃第三者。

實例5

課中三陰一陽，以陽為用。

2018/04/22 — 10:37

年	戊戌	**人元**	**辛酉**	乙·癸		金	相
月	丙辰	**貴神**	**甲戌**	天空	*刑	土	旺
日	甲申	**將神**	**乙亥**	登明		水	死
時	己巳	**地分**	**己未**		空刑	土	旺

先找動點

方生干為父母動，貴神剋將神為賊動。

沈小姐問事

1. 沈小姐有較深的佛道醫卜之緣，但經常心煩氣躁，容易心緒不寧，經常因自身不慎而損財。

   (貴神天空為四大皆空，與佛有緣。)

   (甲戌為用，戌為火庫，甲戌又自剋。)

   應證：沈小姐長期拜佛，自知性格固執倔強，家裏設有佛堂，拜佛時覺得心境平和。平常不知節約，有點購物狂的病態。

2. 你的學歷雖然不算很高，卻很喜歡看書，特別是與文化有關的書籍。

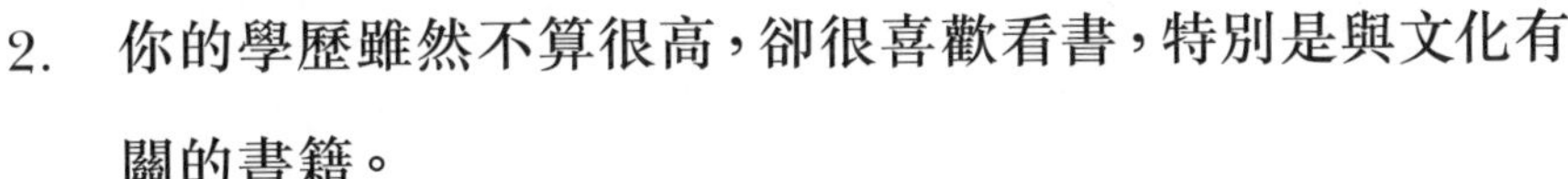

   (貴神甲戌自剋但又自合化火局，火為文化。)

   應證：沈小姐高中畢業，喜歡心理學、營養學和美學。

3. 你這次來主要是想問工作吧！你的祖家後院有口水井，不過已經乾涸了，井口上方有破損，儘快找人把井填了對你的事業會有幫助。

(課中賊動。)

(未戌剋亥水為乾涸，未戌相刑為破損。)

(酉戌相害，亥卯未虛合木局剋貴神。)

應證：沈小姐老家的水井自從有自來水後就廢置了，井口的花崗岩石都掉進井裏面，會立即安排把井填了。

4. 工作職位上權勢不夠大，很多事力不從心。今年公司發展理想，希望憑自己的實力攀上更高位。

(太歲臨貴神天空。太歲戌土臨貴神感覺力量十足，自信滿滿。)

應證：沈小姐是公司的第四把手，想把握這次晉升機會。

5. 得不到上級和下屬的支持，即使勉強升了職對你也沒好處。下屬員工這部分雖然不歸你管，但也要和他們搞好關係，才能做好領導的位置。

(太歲臨貴神被月建沖，地分為下屬與貴神相刑。未為員工逢空亡，又亥卯未虛合木局來剋貴神當事人，表示集體對她不滿。)

應證：沈小姐無奈地承認上級並未表明立場會支持她，在公司確是得不到人心，會努力去改善現況。)

6. 2014年升職加工資，但在人際關係上花費也很多，金錢上實際得不到甚麼好處。

(午火入局旺貴神，必然升官。但午火與將神財位相絕，錢財用光。如果寅酉相絕，除了用光全部積蓄之外，還要欠銀行錢，因寅為甲為值符。)

應證：沈小姐笑而不答。

7. 2015年主要受口角是非困擾，原本應該投放在工作上的精神被耗掉不少。2016年財運逐漸向好。

(未年臨地分與貴神相刑。)

(太歲申生將神財位亥水。但申亥相害，代表也要花費一點小錢。)

應證：因新上任的關係，工作上未能和各方面好好協調，出現很多微言。2016年公司業績理想，獲發不少獎金。

8. 沈小姐命格屬遲婚，早婚必離。婚前談的四個對象都不會成事，最快都要第五個才成功。

(貴神將神，夫妻宮逢劫煞，寅午戌處合見亥。)

(人元對貴神不利，辛剋甲之故。)

應證：沈小姐有過三段感情，現在未婚。

9. 下年財運不俗，可喜可賀。

(亥年旺將神財位，又合局。)

奇門遁甲
奇門在此
QIMEN BEING
Here There & Everywhere

實例6

課中三陰一陽，以陽為用。

2018/07/09 — 15:09

年	戊戌	**人元**	**辛酉**	己·乙		金	相
月	己未	**貴神**	**甲辰**	勾陳	*空	土	旺
日	壬寅	**將神**	**辛亥**	登明		水	死
時	戊申	**地分**	**己丑**		刑	土	旺

先找動點

方生干，父母動。貴剋將，賊動。將剋神，財動。

金口直斷

周先生問事

1. 周先生與佛道頗有緣分，為人頗孝順，對長輩特別好，家中還有其他兄弟吧！

   (用神甲辰為佛燈火。)

   (貴神辰土生人元辛金，酉丑半三合。用神見合比。)

   應證：周先生自幼跟父母信佛，見寺廟必拜，家中還有個弟弟。

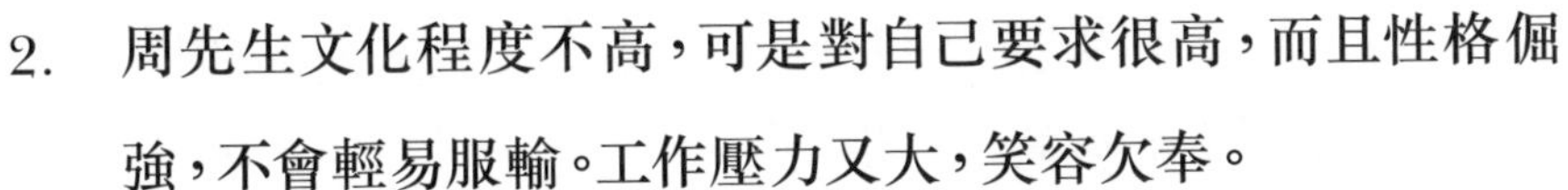

2. 周先生文化程度不高，可是對自己要求很高，而且性格倔強，不會輕易服輸。工作壓力又大，笑容欠奉。

   (貴神空亡，太歲沖用神。)

   (甲木剋辰土。貴神甲辰自剋，辰土又生人元辛金。)

   應證：周先生高中畢業，明白要有收穫必須比別人強，公司下達的指標難度很高，給自己很大壓力。

3. 其實你是一個喜歡闖南走北的人，很懂得利用假期出去走動一下幫自己減減壓。

(用神自帶馬星，又為日上馬。)

應證：周先生最愛周遊列國，增廣見聞。

4. 2011年與人合作求財，結果賠了不少錢。

(流年卯，亥卯未三合木局剋貴神辰土。)

應證：2011年和親戚合作，其後發覺是一場騙局，追討無門。

5. 2012年工作方面，因自己不小心犯錯而引起嚴重的口角是非，是當年的十月份吧！

(流年辰與貴神辰自刑，戌月沖辰，辰戌又為打鬥。)

應證：周先生對事件記憶猶新，當時和朋友打算合夥做生意，興之所至喝多了酒，與朋友一言不合大打出手。他還記得是因為冬天喝酒暖身才會喝多誤事。

6. 2013年事業擴展不出去，生意不好破財多，直至2014年公司發展終於見起色，但投入資金也大。

(巳年與貴神為天羅地網，又沖將神財位。)

(午火生貴神辰土，但與將神財位相絕。)

應證：2013年錢財只出不進，當年確實情況堪憂。幸好在下年度公司增加了幾項新業務，初見曙光。

7. 2014年家中老人有災禍，孝順的你肯定憂心忡忡。

(午火合月建未化火剋人元辛，殺傷力特別大。)

應證：周父當年病重住院。

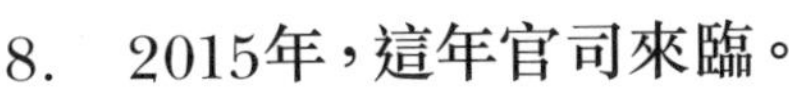

8. 2015年，這年官司來臨。

(流年未土與太歲戌地分丑形成三刑格局，特別在丑月必有官訟是非，太歲為上一層、源頭。)

應證：當年被供應商控告。

9. 2016年5月，公司有進財之兆，業務漸趨旺盛。到2017年，事業財運雙豐收。

(流年申子辰虛合貴神水局幫扶將神亥水，本來可得大財，可惜申與財位相害。)

(流年酉合貴神，合地分財位，生將神財位。)

應證：周先生公司在2016年轉虧為盈，下一年度獲利倍增。

10. 2018年，生意差強人意，出現口角是非，四月份最為嚴重，錢財破耗甚大。

(流年戌沖貴神為爭鬥，又見將神天羅地網與副財位相刑。)

(太歲戌年沖貴神辰土，辰為新曆四月。)

應證：周先生因貪便宜，生產出來的產品不合格，三個多月前被工廠停業處理，這也是他今次到訪的原因。

11. 除了要改善家中風水，也得謹記家和萬事興，2019年你們夫妻會經常爭吵，不肯互相遷就的話小心婚變。

(流年亥水降臨將神與貴神來回互剋，出現不死不休的格局。)

實例7

二陰二陽，以將為用。

2018/07/06 — 15:48

年	戊戌	**人元**	**癸亥**	辛·丁		水	旺
月	戊午	**貴神**	**甲子**	玄武		水	旺
日	己亥	**將神**	**壬申**	傳送	*	金	休
時	壬申	**地分**	**辛酉**			金	休

先找動點

方生干，父母動。

金口直斷

張女士問事

1. 張女士多在外面走動，有坐不定的感覺，現在廣東地區求財，應該也有六年時間了吧！

   (傳送申金為行移之神，飄動不定之意。)

   (用神臨財位，申金七數，壬水泄申金減一為六數。)

   應證：張女士於廣州經營自家生產品牌至今剛好六年，原籍河南。

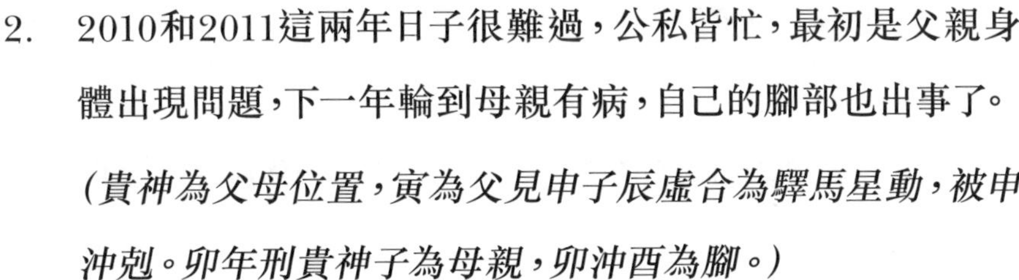

2. 2010和2011這兩年日子很難過，公私皆忙，最初是父親身體出現問題，下一年輪到母親有病，自己的腳部也出事了。

   (貴神為父母位置，寅為父見申子辰虛合為驛馬星動，被申沖剋。卯年刑貴神子為母親，卯沖酉為腳。)

   應證：張父2010年年中後開始病重成為醫院常客，翌年母親發病，張女士分身不暇，精力耗盡，腿都跑斷了。

   ** 凡是有刑，老人一般為健康問題，年輕人為官訟是非。此課父母動，主要事及父母。*

3. 依課中所看，你應該出了兩筆款項，是投資了另一項生意，此外還借了錢給一個朋友至今未還，這筆錢很難收回。

(將神財位生貴神事業。將神申金再生人元癸水，癸為亥為乞索之神，等於錢財給了乞丐，哪能收得回？)

應證：張女士入股了老朋友的服裝生意。另外説要借錢應急的那個人已經消失得無影無蹤。

4. 2012年有人來與你合作，起初發展看來相當理想。可是到了2013年事業出現阻礙，要破財，而且禍不單行。

(辰年為申子辰三合水局，旺事業，辰與地分酉合，旺錢財。)

(巳年剋地分副財位酉金，刑正財位將神申金，絕事業貴神子水。)

應證：新的合作夥伴開出的條件對張女士非常有利，但正式的營業執照一直未批出來，來來回回文件處理花費了不少金錢。

5. 2014年生意上資金投放更多，但未見盈利。2015年終於守得雲開，這年工作努力和回報成正比，錢財有所進帳。

(午年剋將神財位，刑沖貴神子水。)

(未年剋子水，生地分酉、將神申兩個財位。)

應證：當年決定採取積極方向，發動宣傳攻勢去推廣產品，一年後終見成效，業績理想。

6. 2016年財運當旺，收入穩步上揚。2017年已經足夠買新房子了，本應是值得開心的事情，卻又自招煩惱，與人發生口角是非，幸好只是小破財。

(申年財神降臨，酉年也是財神降臨，酉為房屋。)

(酉年與地分酉酉自刑，既破財又有口角。)

應證：這兩年利潤豐厚，購入了一幢新房子，但因為裝修事宜與施工方發生磨擦，結果令裝修費超出預算。

7. 2018年，工作壓力甚大，但財運依然不俗。留意來年必須調整公司經營方向，謹慎投資。

(太歲戊土剋貴神子水，生地分和將神兩財位，有先凶後吉之象。)

(流年亥水與將神財位相害，泄地分酉金財氣，必然破財；再與太歲戊土構成天羅地網，沖人元丁火，丁指計劃、方案，是百害無一利的格局。)

應證：張女士公司第一季度業績未能達標，積極進行推銷工作後已有上升趨勢。原本打算明年重本投資開拓海外市場的計劃，待時機到來再作考慮。

奇門遁甲
奇門在此
QIMEN BEING
Here There & Everywhere

實例8

課內純陽反陰，以神為用。

2018/08/03 — 15:34

年	戊戌	**人元**	**丙午**	甲·庚		火	旺
月	己未	**貴神**	**戊申**	白虎	*	金	死
日	丁卯	**將神**	**甲辰**	天罡		土	相
時	戊申	**地分**	**丙午**			火	旺

先找動點

干方同，兄弟動。將干剋神干，財動。

金口直斷

劉先生問事

1. 劉先生為人處事獨當一面，很有主見，財運好又生財有道。經常出差，有點居無定所的感覺。

   (貴神戊申為用為自生，戊為財又生身，真時入局也指比他人幸運。)

   (申為行移之神，在外必多。)

   應證：劉先生直認自己運氣不錯，而且做事依他那套出來的成果證明了他是對的。他做的皮革生意已經遍佈青海、西寧等地，凡事親力親為，每個地方留不過一個月。

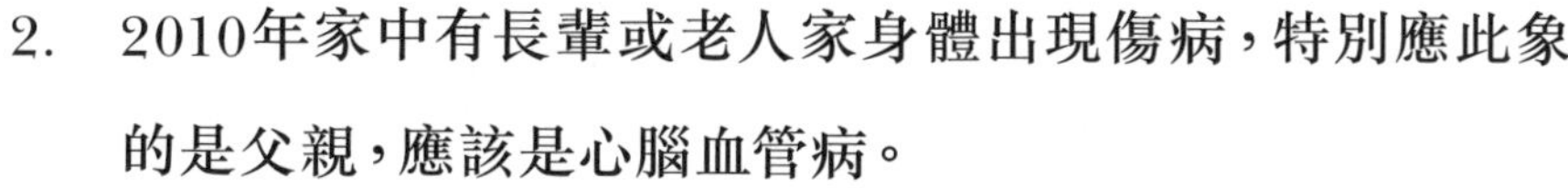

2. 2010年家中有長輩或老人家身體出現傷病，特別應此象的是父親，應該是心腦血管病。

   (流年寅午戌合火局生旺人元，午火太旺，人元為父。人元亦代表頭部，火太旺，人元甲木回頭生，便會出現爆血管的可能。)

   應證：劉父親在該年輕微中風入院。

3. 2011、2012年辦了一件大事，應該是買了房子，算是應了破財之象，但之後又有口角是非等麻煩事，再出現小破財。

(流年卯合太歲戌，卯臨日神力量大，剋將神甲辰財位，又刑副財位午火，破財肯定不少，而卯酉為房屋，一定與房屋有關。)

(流年辰沖太歲戌為打鬥之神入課，爭吵麻煩事出現。辰與將神自刑，雖破財但不算嚴重。)

應證：劉先生在2011年買了房子，翌年進行裝修，效果卻差強人意，一直做不出預期效果，過程拉鋸了一段時間延誤兩個多月，結果開支超出一成多才勉強完工。

4. 接着兩年都有些不開心事。2013年工作上有被騙財之象，是在合作中吃了個大虧。2014年家中長輩身體有病痛，這一劫假如應在父親，應該相當難過。

(流年巳申合又相刑，巳與將神辰為天羅地網。)

(午火流年降臨人元，甲木回頭生；地分午火又剋人元庚金，見午午自刑，實在太凶。午火的特性是成而復敗，如果是方剋干鬼動，方為醫生，干為病人，父親尚能躲過此劫，但課中見兄弟動為凶象，便劫數難逃了。)

應證：2013年有人來求劉先生合作，劉先生以為執到便宜貨，用低價購入一批頂級皮革，誰知收到的是次等貨，處心積慮的騙局肯定無法追討。劉父於2014年仙遊。

5. 2015年工作、錢財都比之前順利，但大環境還是不好，實際得益並非預期那樣。到2016年事業出現新局面，前景甚佳。

(流年未土生貴神申金為事業順利，未午合化火生將神辰土為得財，可惜與太歲戌土相刑，財運被削減不少。)

(流年申臨貴神，月建來生為部門為與人合作，將神辰生貴神申為生旺事業，對當事人有利。)

應證：劉先生在2015年希望以質素贏取口碑，成本很高，雖然旺丁不旺財，卻為公司帶來新的發展機會。2016年公司整改合併後發展理想。

6. 去年又因房子破了財，但問題不大。今年的口角是非才是真的災劫。

(流年酉泄將神財氣，地分火剋酉，太歲戌酉相害，酉為房屋。)

(流年戌土臨太歲沖將神財位，辰戌為打鬥、為獄神發動。)

應證：劉先生去年裝修房子。現在正被人起訴，這次來訪主要尋求解劫之法。

* *劉先生贏不了這次官司，只可以把損失減至最低。找一個屬鼠的律師去幫他，丙為對方，貴神為自己，丙生戊，戊為錢財，賠些錢便能破財擋災。*

實例9

課中二陰二陽，以將為用。

2019/01/02 — 15:26

年	戊戌	**人元**	**己未**	辛·癸	刑	土	死
月	甲子	**貴神**	**丙寅**	青龍	刑	木	旺
日	己亥	**將神**	**甲戌**	河魁	*	土	死
時	壬申	**地分**	**丁巳**		空刑	火	相

人元三遁干，如在第二次遁出來和第一次一樣，即乃再順數一次。

先找動點

方生干，父母動。神剋將，賊動。神剋干，官動。

司徒先生問事

1. 你與佛道有深厚的緣分，家中拜佛的吧！

   (將神戌土為四大皆空。)

   應證：司徒先生已經皈依三寶。

2. 此課見官動，事關工作問題。最近有人找你合作，合作單位有三個或以上，是關於電子科技或文化教育方面的項目，這項工作屬於流動性質，需要到處走動。

   (日神亥水生合貴神寅木，寅午戌虛合火局。)

   (課中父母動亦指文化類或有長輩參與其中。時支申是火局的馬星，地分為腳、為辦事地點被亥水沖，代表公司要經常移動搬遷。)

   應證：司徒先生計劃與三個朋友合夥做開發英文教學軟件的生意，需要到全國各地示範講解以作推廣。

3. 你曾於2014年和朋友合作開公司，翌年發生口角是非，而且破財了。2016年工作出現變數。

(流年午火入三合局，午火為成而復敗，而且快速，合作注定不長久。)

(流年未土與將神財位相刑，見刑必有是非。)

(流年申金是火局寅午戌的馬星，見馬者必動。)

應證：司徒先生在2014年和朋友一腔熱誠合夥開燒烤店，不足一年便開始鬧意見，整天爭吵不停，店開了兩年就拆夥了。

4. 2017年事業和錢財都不理想。在2018年出現另一個合作機會，你想好好把握這次商機，覺得事有可為。

(流年酉金剋貴神寅木，與將神財位相害為破財。)

(流年戌土臨將神財位，與貴神丙寅三合火局，應在戌月便會成事。)

應證：司徒先生認為2017年是他的事業低潮，幸好翌年遇上新契機，很快便簽了意向書。

5. 2019年前期投資不要太大，能夠運轉公司就可以，這事不會很快成功，要有耐性。謹記把主要技術掌握在自己手中，以防萬一。

(流年亥水生合貴神寅木，前景好像一片光明，但暗湧更大，因亥水與正財位戌上形成天羅地網，又沖地分副財位巳火，到時肯定破財比預算要多。)

(課中見二土，歌訣：二土比和遲晚看。)

* *2020年為子年，將會沖破寅午戌火局，又人元辛金生子水與地分巳火相絕，到了子月肯定要散夥和破財。*

6. 2018年感情出問題，但沒有分手。你今年犯桃花劫，小心為上，到正式踏入2019年婚姻更凶，正常人會在這年離婚。

(戌年臨將神被貴神寅所剋，天干甲生丙，問婚姻，如將神、貴神地支相剋，天干相生，很大程度上是只吵不離。當天干也相剋時，就會離婚。)

(貴神寅午戌虛合，戌是太歲，裏往外合。日神亥水，生合貴神，為外往裏合，指感情混亂。)

(過了立春就進入豬年，亥水當旺生合青龍，與將神妻位形成天羅地網，也就是說小三會登門踏户，反客為主。)

應證：司徒先生今年和妻子吵得愈是厲害，便跟小三愈是親蜜，其實他也並不希望婚姻破裂。

* *化解方法：他必須在立春前把不當的感情全部理清，特別是對方屬蛇或豬的更要徹底解決。在農曆四月去東南方出差，十月去西北，緊記這兩個月不能留在本地，否則劫數難逃。因巳亥為乞索之神，時間到了，小三一定會找上門來，而且不死不休。*

奇門遁甲
奇門在此
QIMEN BEING
Here There & Everywhere

實例 10

課中三陽一陰，以陰為用。

2019/03/20 — 15:15

年	己亥	**人元**	**庚申**	戊·甲		金	旺
月	丁卯	**貴神**	**辛卯**	六合	*	木	死
日	丙辰	**將神**	**壬辰**	天罡	刑	土	休
時	丙申	**地分**	**甲寅**			木	死

先找動點

干剋方，妻動。神剋將，賊動。

金口直斷

陳先生問事

1. 陳先生為人很有義氣，性格爽直兼且口才出眾，可謂相識滿天下。你有時會因為反應過度敏捷導致選擇困難，經常令已經計劃好的事出現很多變數。

(正義爽直是卯木的特點，六合為口講業亦指表達能力強，屬於傷門的位置，有着律師本質。而卯也為思路，見辛為改變主意。)

應證：陳先生為人喜歡講道理、重情重義，朋友多，很容易受別人的不同意見影響以致做事經常繞圈子。

2. 你十分好動，經常往外走，在這方面消費很多，手腳又容易意外受傷，這些動象也令你出現時常搬遷的情況。

(貴神辛卯為用，現在自剋，課中卯酉相沖，卯為肢體，又自帶災煞。卯酉為房屋，互沖必動。)

應證：陳先生最愛旅遊和潛水，每次運動前都做足準備，但也曾發生了幾次意外，幸好並不嚴重。公司和住屋都是租的，每逢合約到期多會選擇搬到別處，換個環境或新裝修。

3. 雖然你的學歷只是中等，並未達到大學水平，但你很有本事，應該已經擁有一定的職級或權力，可是上級經常不滿你的工作表現。

(貴神為學歷，臨死為不高，但旺於月令，所以也不會太低，判斷只能定在高中到大專這個範圍。月令臨貴神，人元為上級剋絕貴神。)

應證：陳先生原來考上一所中專，後來又進修了一個大專課程，現在是一間跨國品牌的物流總經理。由於陳先生英語水平不算高，總覺得上司在文件處理上對他諸多挑剔。

4. 要留意你的腰部受過傷或經常腰痛，平時多做拉筋運動或瑜伽會有幫助。

(貴神卯木臨月令剋將神辰土，辰為腰。)

應證：陳先生患有腰間盤病。

5. 2010年工作順利，錢都用在子女身上。2011年工作變動向上，是升官發財之年。

(寅年臨地分剋將神財位幫扶貴神。)

(流年卯臨貴神事業位剋將神財位。)

應證：2010年孩子轉讀國際學校。2011年兼任市場部總經理，薪金花紅增加不少。

6. 2012年感情出現問題，夫妻間有口角是非，互不相讓導致反目，不離也要分居。2013年家中小孩腳部出問題，同年傷病之象也應在長輩。

(流年辰臨將神妻位自刑，與貴神夫位相害，又人元剋貴神，地分剋將神為合局相剋，屬分離格局。幸好神干生將干為凶中藏吉。)

(流年巳、寅、申三刑，必有血光之災，課中又見巳刑人元申。)

應證：陳先生在2012年和妻子分居，一直沒有正式離婚。2013年孩子騎自行車跌傷了，腳部縫了幾針，年中大伯也遇上交通意外傷了頭部，當時大家都覺得相當巧合。

* *為何2011年卯害辰沒有分開，要到辰年才分呢？因為流年卯被太歲亥相合，殺傷力不夠強，所以應在辰年。*

7. 2014年事業見凶，有官訟是非。2016年腳部有傷痛。

(流年午見貴神卯為刑。流年申刑沖地分寅。)

應證：公司因物流上的疏忽而被控告，他自己也被上級嚴責，本以為至少要降職了，幸好只是口頭警告了事。2016年年初和朋友去馬來西亞登山，失足跌斷了腳。

8. 2017、2018這兩年被是非纏繞，尤其在工作上到處遇小人，非常奔波忙碌。2018年與人發生口角，兼且破財，禍不單行。

(流年酉沖卯，正應歌訣：卯酉同入傳，搬家定沒完。又辰酉合化金剋貴神卯木，有被人針對之象。流年戌見財位辰為打鬥格局。)

應證：陳先生在2017年被派到東南亞及內地負責訓導工作，空降的職位不會受歡迎，努力換來的都是閒言閒語、冷嘲熱諷，在得不到支援下只有單打獨鬥，非常難捱。口角是非延至下年，因修車被換走了原裝零件，與店主爭吵推撞，鬧得極不愉快，正應傷人破財之象。

實例11

課中二陰二陽，以將為用。

2019/03/03 — 08:29

年	己亥	**人元**	**己丑**	辛·癸		土	死
月	丙寅	**貴神**	**丙寅**	青龍	刑	木	旺
日	己亥	**將神**	**甲子**	神后	*	水	休
時	戊辰	**地分**	**丁巳**		刑	火	相

先找動點

方生干，父母動。神剋干，官動。

金口直斷

林太太問事

1. 林太太可謂女中豪傑，才智過人，精明能幹，處事積極，對文化藝術、花鳥草木等情有獨鍾。

   (將神財位甲子為用，此人肯定出類拔萃。甲為頭為官，子為變動，在人物性格為靈活善變。甲為寅為文化用品，也為木雕等藝術品，子為圖畫。)

   應證：林太太大方坦言身居要職，家中珍藏的山水花鳥等名師真迹甚多。

2. 你很喜歡旅遊，金錢花得很隨意，沒有節制。身體問題主要是腰腿痛症經常復發。

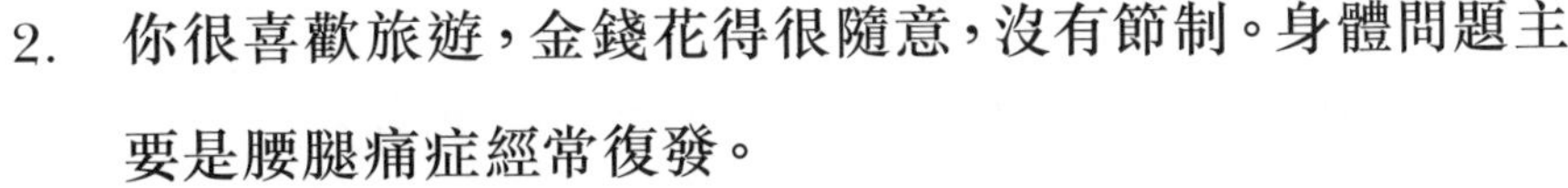

   (甲子本身自帶馬星，子水生甲木為泄氣。)

   (子為腎，被甲木消耗。)

   應證：林太太最愛坐遊船，認為此乃最佳娛樂。因工作辛勞，用錢不會考慮太多，當給自己獎勵一下。腰腿問題已是陳年舊患，只能治標不能治本。

3. 林太太既是身居要職，應該是位文官。工作上成績驕人，由於不認同上級的決策和管理方針，工作態度開始有所改變，打算以得過且過的方式去表達自己的不滿情緒。

(課中官動，月令幫扶貴神，寅為文官，丙為官印。又見青龍剋己土，貴神寅木生丙火為自耗。)

應證：林太太現職大學講師，對教育有一番理念，覺得現職的機構過於商業化，但合約期未滿，只好照本子辦事，沒必要費神傷心。

4. 你少年時家境比較清貧，都是靠自己苦讀而取得高學歷的。

(人元為早期己臨死氣。)

(貴神為學歷旺臨月令，太歲、日神生合貴神。)

應證：林太太幼年時期與家人同住公屋，大學畢業便立即出來工作幫忙養家，邊做邊讀又考了個碩士學位。

5. 2013年工作上很多不如意事，口角是非頗多。2014年有破財之象，腰腿傷患更加嚴重。

(流年巳火臨地分刑貴神工作位置。流年午火刑沖將神財位為破財，子水又為腰腿，病痛去到午月便會更應。)

應證：當年助理對自己有意見，不肯聽從安排，又刻意遺失資料。林太太為了應付學院在下年度的改革，不僅自費聘請外援，還要長期加班，腰腿痛也要捱下去。

6. 2015年又出現破財之象，事因家中有女性長輩身體出問題。2016年工作有動象，要變革或搬遷，同年農曆四月小孩身體發病令你非常憂心。

(流年未土刑人元丑土，剋害將神子水，因子與丑合，破財必與丑有關，丑亦為老婦人。)

(流年申刑沖貴神寅木，申金為流動，為行移之神。)

(申刑巳，四月巳火親臨地分被刑。)

應證：當年林太太的祖母要做頭部手術，費用不菲。2016年學院新建大樓，林太太要搬辦公室。同年四、五月左右，孩子得了肝炎。)

7. 2017年有喜事發生，住屋質素大大提升，很大可能是獲批高級職員宿舍，當然你也有足夠能力自己買更大的房子。你家附近有兩所學校，一所在東北，離你家近；一所在南方，離你家遠一點，但規模大或比較有名氣。東南有一間銀行，應該是中國銀行，住所位置方便了很多。

(流年酉金與丑、巳合成金局生用神子水，丑為高級單位，酉為門户。人元、地分巳酉丑三合，寅亥相合。)

應證：林太太前兩年獲批高級職員宿舍，對全家來説都是一個大喜訊。宿舍附近有中國銀行和學校，但她不清楚方向。

8. 2018年身體透支過度精神很差，經常頭暈頭痛，影響工作表現，但這些都不是最重要。今年感情出現問題才是你最迫切要解決的，丈夫在外面有情人，而你又不想離婚，這是你今天來找我的主要原因，你不希望家庭破裂，想尋求挽救的方法。

(流年戊土見太歲亥水為天羅地網，戊刑人元丑土。)

應證：這兩年林太太的精神狀況逐漸下滑。婚姻危機更是雪上加霜。)

* *女人問事，見課中官動，所問事情一定與配偶有關。貴神與將神妻位相生，肯定離不了婚。貴神夫位寅木合年、日兩亥水指有婚外情，當事人身上佩帶狗或蛇的飾物，可以破解小三的糾纏。*

實例12

課中二陰二陽，以將為用。

2019/02/02 — 06:04

年	戊戌	**人元**	**丙午**	戊·壬		火	死
月	乙丑	**貴神**	**丁亥**	天后	空	水	旺
日	庚午	**將神**	**乙酉**	從魁	*	金	休
時	己卯	**地分**	**壬子**			水	旺

先找動點

方剋干，鬼動。

神剋干，官動。

金口直斷

樂先生問事

1. 樂先生非常好動，平時很多節目尤其是夜生活，並透過這些活動結識到一些志同道合的朋友。因為你性格多變，做事也較反覆，搬遷亦多。

   (乙酉為用，自帶飛馬又自帶財星，卯酉相沖為反覆多變。)

   (鬼動必牽連其他人。)

   應證：樂先生做紅酒貿易生意，工作關係經常日夜顛倒。他覺得自己很倒霉，每辦一件事都不會順利，幾個合夥人不停四處跑業務，生意都穩不下來。

2. 你要小心處理和朋友的關係，不要過分仗義疏財，十月、十一月肯定借了錢給朋友或被盜竊了。

   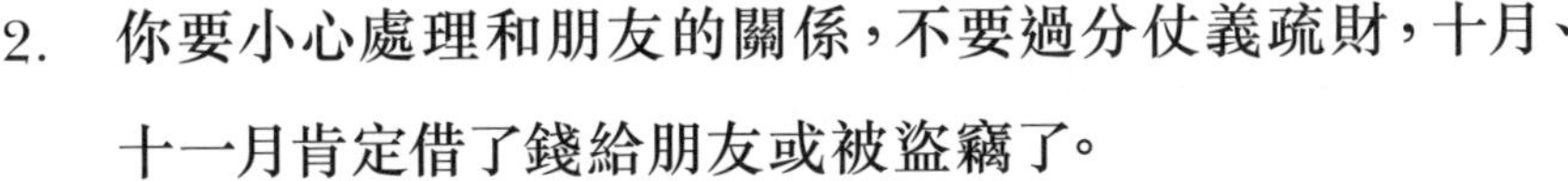

   (酉金用神被亥子兩水泄氣，亥為乞索之神在朋友位，子為盜賊在地分財位，同時對自己不利。)

   應證：先是朋友敘餐，主人家有事提早離開代為結賬，其後大家不了了之。再於十月底丟了錢包，也不知是否被偷，反正就是找不回了。

3. 感情方面，婚前很不順利，現在你和太太是分開住吧！婚姻還是可以的，只是聚少離多。

(貴神剋人元，亥午相絕，午為事情反覆，成而復敗，幸好見丁壬相合，凶中藏吉。)

(貴神亥水雖然空亡，但將神相生，天干也相生，空也無妨。)

應證：樂先生是法籍華人，太太是英國人，兩人因工作接觸而認識，異地戀很難維持，婚前離離合合多次。樂先生公司在香港，太太留在英國工作，夫妻長期分隔兩地，反而和公司的搭檔更覺親近。

4. 以你的學歷程度，如能學以致用應有一番作為，你唸的科目並非你的興趣吧！

(太歲戌土、月令丑土生將神用神酉金。太歲戌土與貴神亥水形成天羅地網格局。)

(月令丑土剋亥水。)

應證：樂先生是大學程度，唸金融投資是當時的女友所選。

5. 2013、2014年運氣不順，有破財之象，事因朋友。2014年主要是工作上處處碰壁，即使遇上機會也抓不住。

(流年巳火合酉丑金局，生貴神亥水，又巳亥相沖，巳亥又為乞索之神。)

(流年午火與貴神事業位亥水相絕。)

應證：朋友生意需要周轉，那年又借錢出去。2014年運氣不好，申請的都是能力以外的工作，不想勉強誤人誤己，所以有一年多的時間只做兼職。

6. 樂先生不是家中獨子，家人關係不太和諧。2015年家中長輩出現傷病，兄弟也不在身邊。2016年有人要入夥公司，可惜只是過客，白歡喜一場。

(人元壬水。)(流年亥卯未合木局，剋人元戊土。)(流年申金為行移之神，只是過路而已，又申亥相害。)

應證：樂先生有位兄長，兩兄弟都怕被父母管束，成年後很快便各自出國工作。樂母居於法國，患病時兒子都在外地。2016年出現黃金機會，條件都談好了，對方忽然改變主意，最後資金還是沒進來。

7. 2017年再現破財之象，這次與他人無關，因自己出錯而非常自責。2018年公司發展未見起色，財運依然低落。

(流年酉金與將神財位自刑，與地分子又相破。)

(流年戌土與貴神亥水形成天羅地網，戌月與將神財位酉相害，情況最為嚴重。)

應證：當年搬家，打算和太太買幾盞名牌水晶燈放在新居，用手機在燈飾店拍些照片回家慢慢挑選，不小心一個轉身把人家價值不菲的水晶裝飾給摔破了，賠了很多錢。而公司方面也沒有進展，上年度業績不好，樂先生認為可能是宣傳策略出了問題。

8. 明年很大機會又有人主動找你合作或投資，在簽約時要注意細節，法律文件要清晰詳盡，否則對自己不利，一不小心就會被騙。

(流年亥水與貴神亥水形成自刑格局，又見將神酉金生亥水。)

奇門遁甲
奇門在此
QIMEN BEING
Here There & Everywhere

實例13

課中二陰二陽，以將為用。

2019/06/07 — 16:05

年	己亥	**人元**	**丙午**	戊·壬		火	休
月	庚午	**貴神**	**丁丑**	貴神		土	旺
日	乙亥	**將神**	**丁亥**	登明	*刑	水	死
時	甲申	**地分**	**壬子**			水	死

先找動點

方剋干，鬼動。貴神剋將神，賊動。

金口直斷

蔣先生問事

1. 課中見蔣先生學歷背景很好，適宜出外求財，又得上級或管理階層對你特別關照，可是現在財運不甚理想。

   (貴神為學歷，月令生旺，丁丑自生。)

   (將神丁亥為用，自帶馬星，喜動在外。)

   (人元丙為領導生貴神丑土，如巳火生丑便為暗中幫忙。)

   (將神為財位臨死氣，又被貴神所剋。)

   應證：蔣先生大學程度，公司在大連做海鮮營運生意，主要銷往港澳、深圳等地區，近年競爭對手越來越多，求財比較艱難。

2. 你頭部曾經受傷，而且留下疤痕。婚姻也受傷了，是離婚格局。

(人元丙為頭，被將神亥水剋絕，地分子水刑沖，重重剋外，避無可避。)

(貴神剋將神，亥水又臨死氣。)

應證：蔣先生曾在足球場上跌倒，頭部縫了幾針。已經離婚。

3. 2014年訂單很多，但是錢財得益與生意走向不成正比。

(流年午火臨月令生旺貴神丑土，午火又與將神財位相絕。)

應證：2014年捕魚期過後，蔣先生的海產生意業績一路向上，但是貨出去了，錢卻沒有收回來。

4. 2015年，事業出現變動，有口角是非，結果對方主動和解，官司沒打成。到了下一年，錢財先得後破。

(流年未土與貴神丑相沖又相刑，沖則動，刑則有官訟是非。打官司人元為對方，貴神為自己，見人元丙火生貴神丑土，丙加丁格局為三奇順遂，貴人文書吉利，常人平靜安樂，得三吉門為天遁。丑在艮宮為開門的位置，開門加丁指遠信必至，以上的迹象都是一團和氣。)

(流年申臨時辰生將神財位，應得財。申子合當年辰月為水局，幫扶將神亥水，也為得財。但申又與亥相害，格局為先得後破。)

應證：官司是因為客人一直拖拖拉拉，貨要準時交，但蔣先生交三個月貨他們才肯付一個月貨款，所以蔣先生告上法院。對方覺得理虧，主動把欠款還清，但蔣先生失去了這個大客户，收回來的錢也彌補不了之後的營運成本，真是財來財去。

5. 2017年，公司有合作、合夥之象，同年合作不久，生意愈做好愈好。

(流年酉金與貴神丁丑三合於巳月，又流年巳酉丑三合化金局，生財位亥水。)

應證：蔣先生前年與澳門友人合夥開分店，貨主要是交給當地酒店、酒樓和食肆，銷情相當理想。

6. 前年你的感情開始出問題，離婚之後事業錢財遇到困境，可謂禍不單行。

(流年酉合丁丑，丁本身又為第三者，又巳酉丑三合沖亥，也可以說，妻位臨馬星必動。)

(流年戌土與貴神丑土相刑，戌又為打鬥之神，與將神財位形成天羅地網格局，口角是非必然出現。)

應證：蔣先生上年離婚，賠了一大筆分手費，以及以後每月須支付大額贍養費。

7. 今年生意也不順利。離你家不遠的東南方有一間銀行，記着不要把錢存那裏，會對你有不良影響。

(流年亥水與將神財位自刑，沖東南方。)

應證：蔣先生公司已經連續兩年虧錢，這也是他到訪的主因。

實例14・1

世界盃賽事

課中二陰二陽，以將為用。

2022/11/21 — 21:00

年	壬寅	**人元**	**庚申**		空	金	休
月	辛亥	**貴神**	**癸亥**	天后	刑	水	旺
日	戊寅	**將神**	**癸亥**	登明	*刑	水	旺
時	癸亥	**地分**	**庚申**		空	金	休

先找動點

干方同，兄弟動。

世界盃賽事
英格蘭對伊朗 – 英格蘭

世界盃賽事，兩支隊伍為外隊不分主客，起兩課來斷凶吉。此課英格蘭對伊朗，英格蘭白色球衣取申金為地分，貴神癸亥為內為主隊英格蘭。人元、貴神、將神、地分、年、月、日、時辰全是驛馬星「寅巳申亥」，可斷雙方走動相當積極。英格蘭貴神癸亥與將神癸亥自刑，又與月令、時辰形成自刑，本身會出現犯錯情況，從而產生缺口，於對手非常有利，如遇上強隊或實力相約的球隊失球機會會大增；幸好課中對手是申金，「寅巳申亥」四生逢沖獨不見巳來沖貴神亥，說明對手沒有把握他們的犯錯而取得優勢，但不見巳對人元申亦未常不是好事，不至於落花流水禍事連連。而太歲及日辰與對手人元相沖，這令英格蘭的形勢相對樂觀。

人元、地分同時來生旺將神與貴神英格蘭，此課水多極旺，水多金沉。課中地分與人元又組成兄弟動格局，為事在比肩應小凶，貴神為天后吉神與將神本身又帶旺氣，反觀人元伊朗帶休氣且空亡，種種因素可見伊朗實力不如英格蘭。直斷英格蘭能取勝。

實例14·2

世界盃賽事

課中二陰二陽，以將為用。

2022/11/21 — 21:00

年	壬寅	**人元**	**戊戌**			土	相
月	辛亥	**貴神**	**丁巳**	螣蛇	刑	火	旺
日	戊寅	**將神**	**辛酉**	從魁	*空	金	死
時	癸亥	**地分**	**丙午**			火	旺

先找動點

神剋將，賊動。

世界盃賽事
英格蘭對伊朗 – 伊朗

此課英格蘭對伊朗，伊朗紅色球衣取午火為地分，貴神丁巳為內為主隊伊朗。本身帶旺氣，但被月令沖剋為自身技術不足，同時時辰亥水也沖剋貴神。貴神、將神半合應吉但帶空亡，將神從魁為斗魁第二星見空亡為落第，帶死氣幫不上忙；反觀對方人元與日辰及地分形成寅午戌三合火局，為有團隊精神有凝聚力，而貴神生人元為主生客，這課對為客的英格蘭大為有利。

另一面丁加戊為「青龍轉光，官人升遷，常人威昌」，英格蘭球隊在世界排名比伊朗高很多，視為官，官人升遷所以能勝，而伊朗應常人威昌，在這場比賽應該也有突出表現，能攻破英格蘭的後防。

賽果：英格蘭 6:2 勝伊朗

實例15・1

世界盃賽事

課中二陰二陽，以將為用。

2022/11/22 — 18:00

年	壬寅	**人元**	**甲寅**		刑	木	旺
月	辛亥	**貴神**	**辛未**	太常		土	死
日	己卯	**將神**	**己巳**	太乙	*刑	火	相
時	癸酉	**地分**	**壬子**		刑	水	休

先找動點

方生干，父母動。

金口直斷

世界盃賽事
阿根廷對沙特阿拉伯 － 阿根廷

世界盃賽事，兩支隊伍為外隊不分主客，起兩課來斷凶吉。此課阿根廷對沙特阿拉伯，阿根廷藍白條子球衣取子水為地分，貴神辛未為內為主隊阿根廷。貴神與月令及日辰形成亥卯未三合木局為團隊有合作精神，能互相幫助，又巳火生貴神未土應當有助力，可惜見時辰酉金沖剋木局，貴神本身又帶死氣。地分子水剋制將神再與日辰相刑失去助力之餘，更與貴神相害，加上月令亥水與將神巳火相沖剋，看來平常熟練的交接、傳送、撞牆式配合及傳球走位戰術在這場比賽中未能發揮。

對手人元寅木帶旺氣，壬寅年同氣木更旺，再有月令亥水與人元寅木亦合木局加強旺氣，雖則將神巳火刑害人元，但將神同時受制於地分，因此人元寅木還是有能力剋制貴神未土，阿根廷形勢不容樂觀。

實例15・2

世界盃賽事

課中三陽一陰，以陰為用。

2022/11/22 — 18:00

年	壬寅	**人元**	**丙午**		刑	火	相
月	辛亥	**貴神**	**甲戌**	天空	空刑	土	死
日	己卯	**將神**	**辛未**	小吉	*	土	死
時	癸酉	**地分**	**甲寅**			木	旺

先找動點

方生干，父母動。

世界盃賽事
阿根廷對沙特阿拉伯 － 沙特阿拉伯

此課阿根廷對沙特阿拉伯，沙特阿拉伯綠色球衣取寅木為地分，貴神甲戌為內為主隊沙特阿拉伯。人元、貴神及太歲形成寅午戌三合火局雙方也能受惠，而將神、月令及日辰亥卯未同時形成另一三合木局可加強主隊力量，但受時辰酉金沖剋，這力量又會被減弱，猶幸申酉時空，對主隊沙特阿拉伯有一定的幫助。

貴神、將神同時帶死氣，貴神又空亡，沙特阿拉伯本身在這場比賽沒甚麼突出表現。太歲生旺人元午火，但同時也被月令亥水所剋制。而人元午火與日辰卯木相破，顯示阿根廷球員舉棋不定，亦指門户破敗。課中又見貴神戌土與將神未土相破，而破中帶刑，沙特阿拉伯同樣出現內部互相矛盾或自身的競爭。綜觀兩課的凶吉形勢接近和局，惟上一課貴神阿根廷被人元沙特阿拉伯所剋，而此課人元阿根廷生貴神沙特阿拉伯，直斷沙特阿拉伯可以取勝，但比數不會太大。

賽果：阿根廷 1:2 負沙特阿拉伯

實例16・1

世界盃賽事

課中純陰反陽，以將為用。

2022/11/24 — 00:00

年	壬寅	**人元**	**癸亥**		刑	水	休
月	辛亥	**貴神**	**乙卯**	六合	刑	木	旺
日	辛巳	**將神**	**己未**	小吉	*	土	死
時	戊子	**地分**	**丁巳**		刑	火	相

先找動點

干剋方，妻動。

世界盃賽事
西班牙對哥斯達尼加 － 西班牙

世界盃賽事，兩支隊伍為外隊不分主客，起兩課來斷凶吉。此課西班牙對哥斯達尼加，西班牙紅色球衣取巳火為地分，貴神乙卯為內為主隊西班牙。貴神乙卯六合吉神本身帶旺氣先應吉，天德旺相，太歲寅木同氣旺盛，月令亥水生旺貴神本身球員技術高，加上人元亥水同來生旺，可説是無往而不利。課中人元、貴神及將神亥卯未形成三合木局也指合作能力很強。

對手哥斯達尼加人元與月令亥水形成自刑，馬星帶休氣指哥斯達尼加的球員跑動不積極，又人元亥水與地分巳火及日辰巳火同時相沖，太歲寅木與人元合破關係亦不利哥斯達尼加球隊，在勢弱的情況下還要生旺貴神卯木，這課斷西班牙應能輕鬆取勝。

實例16．2

世界盃賽事

課中三陰一陽，以陽為用。

2022/11/24 — 00:00

年	壬寅	**人元**	**丁巳**		刑	火	死
月	辛亥	**貴神**	**丙申**	白虎	*空刑	金	休
日	辛巳	**將神**	**己亥**	登明	刑	水	旺
時	戊子	**地分**	**辛酉**		空	金	休

先找動點

干剋方，妻動。

金口直斷

世界盃賽事

西班牙對哥斯達尼加 – 哥斯達尼加

此課西班牙對哥斯達尼加，哥斯達尼加白色球衣取酉金為地分，貴神丙申為內為主隊哥斯達尼加。貴神丙申白虎凶神帶休氣空亡實力不足，月令亥水與貴神申金相害，申金又與將神亥水相害，將神月令亥亥自刑，顯示哥斯達尼加球隊內部並不團結，組織非常混亂。

人元巳火與貴神申金相刑相合相破，再加上太歲形成寅巳申三刑為無恩之刑，這種格局明顯雙方實力懸殊。課中太歲寅木生旺人元西班牙丁巳火合剋貴神申金，上剋下肯定不會留手，再加上日辰巳火又合剋貴神申金，對主隊哥斯達尼加極為不利。平衡兩課凶吉後，可斷西班牙必勝哥斯達尼加。

賽果：西班牙 7:0 勝哥斯達尼加

實例17

課中純陽反陰，以神為用。

2020/04/20 — 18:43

年	庚子	**人元**	**庚申**		刑	金	旺
月	庚辰	**貴神**	**甲寅**	青龍	*刑	木	死
日	癸巳	**將神**	**庚申**	傳送	刑	金	旺
時	辛酉	**地分**	**庚申**		刑	金	旺

先找動點

干方同，兄弟動。

將剋神，財動。

金口直斷

問投標1

投標私人屋苑交通設施管理、營運及維修項目。

1. 貴神甲寅為用，死於課中為能力不夠。
2. 見兄弟動，事在比肩應小凶。
3. 財動，本利求財，但課中寅巳申形成三刑，不單無財可求，還要小心會有官訟是非。
4. 人元為外，課中見三組庚申刑沖貴神甲寅，指最少有三家或以上的條件比當事人更好。
5. 此課直斷：競標不中。

應證：客人投標價比中標公司服務收費高兩成。

實例18

課中三陰一陽，以陽為用。

2020/05/15 — 16:30

年	庚子	**人元**	**丁巳**			火	旺
月	辛巳	**貴神**	**丙辰**	勾陳	*	土	相
日	戊午	**將神**	**丁巳**	太乙		火	旺
時	庚申	**地分**	**丁巳**			火	旺

先找動點

干方同，兄弟動。

問投標2

投標工廠重建項目。

1. 貴神丙辰為用，相於課中為有力量。
2. 辰見人元、將神、地分三個巳火為天羅地網，指辦事未能得心應手。
3. 月令巳火臨將神，人元、地分生貴神辰土，為其他標書對自己有利。
4. 太歲、時辰、貴神見申子辰合化水局，剋人元巳火，指對方沒有贏面。可斷此標必中。

應證：客人成功投標。

實例19

課中三陽一陰，以陰為用。

2020/03/08 — 12:15

年	庚子	**人元**	**戊戌**			土	死
月	己卯	**貴神**	**辛巳**	螣蛇	*	火	相
日	庚戌	**將神**	**壬午**	勝光		火	相
時	壬午	**地分**	**甲寅**		空	木	旺

先找動點

方剋干，鬼動。

金口直斷

問失物

1. 金口訣預測財物丟失，主要看上下生剋的關係，以人元、貴神為外，將神、地分為內。上剋下，失物在家內，家中可尋見。下剋上，失物在外面，難尋。外生內為失物自來。內生外，為失物不可尋。貴神受剋為丟失公家財物，將神受剋為丟失自家財物。貴神、將神相生，失物可尋。

2. 事主丟失電動車，問可否尋回。課中三陽一陰，以陰為用，貴神辛巳為用，指有人來索取財物。貴神生人元，失物已到外面去了，是團夥作案，內外勾結。課中寅午戌三合，寅午在地分和將神為內，戌在人元為外，四位向外生。總括來說：內生外，為失物不可尋。

當事人的電動車至今蹤影全無。

實例20

課中純陽反陰，以神為用。

2019/09/26 — 20:05

年	己亥	**人元**	**戊戌**		空	土	旺
月	癸酉	**貴神**	**戊子**	玄武	*	水	死
日	丙寅	**將神**	**甲午**	勝光		火	休
時	戊戌	**地分**	**壬子**			水	死

戌亥(空亡)

先找動點

干剋方，妻動。貴神剋將神，賊動。

十二地分表

癸	
壬辰	勾陳
己亥	登明
巳	

甲	
辛卯	六合
戊子	神后
午	

乙	
甲午	朱雀
己丑	大吉
未	

丙	
癸巳	螣蛇
庚寅	功曹
申	

壬	
庚寅	青龍
戊戌	河魁
辰	

丁	
己丑	貴神
辛卯	太沖
酉	

辛	
戊戌	天空
丁酉	從魁
卯	

戊	
己亥	天后
壬辰	天罡
戌	

庚	
丙申	白虎
丙申	傳送
寅	

己	
乙未	太常
乙未	小吉
丑	

戊	
戊子	玄武
甲午	勝光
子	

己	
丁酉	太陰
癸巳	太乙
亥	

金口直斷

1. 問健康：

有腰腿痛，是腎功能差引起的。

心臟功能也不強，經常出現偷停或心律不齊等現象。

(子水被寅午戌火局所刑絕，腎水不能控制心火。)

(另一種斷法，太歲亥水、月令酉金生扶貴神。地分子刑剋將神午火，令午火受傷無力。)

2. 問感情：

之前一段婚姻不好，已經分開了，這兩年有與他人交往。

(可以用原課來解斷，也可以進入大六壬的範疇，提取更加詳細的信息。以貴神六合為婚姻，見地盤午課，課中貴神卯木被將神相刑，又子午卯構成三刑格局。月令酉金沖貴神卯木為動，應在2017年離婚。)

(2018、2019年又進入桃花局。今年認識的這個人是當官或自己搞生意的。貴神卯與時辰戌相合，卯又與亥形成半合木局，亥水生卯木。)

3. 問工作：

在公司也是有官職的，上級對你信任有加，今年有升職之象。

(用神貴神寅木為工作，看地盤辰課太歲，亥水生合貴神青龍寅木。)

4. 問財運：

你還有其他兼職，但業績不理想，一直賠錢。

(將神和貴神形成寅戌半三合。)

(寅戌火局被壬辰水局所破。辰戌相沖，太歲亥水與戌土構成天羅地網，正副財位都不吉，無財可求。)

實例21

課中三陽一陰，以陰為用。

2020/03/14 — 12:11

年	庚子	人元	庚申	戊·甲		金	死
月	己卯	貴神	辛卯	六合	*刑	木	休
日	丙辰	將神	甲午	勝光	刑	火	旺
時	甲午	地分	甲寅			木	休
	子丑(空亡)						

先找動點

干剋方，妻動。

十二地分表

癸		甲		乙		丙	
戊戌	天空	丙申	白虎	乙未	太常	戊子	玄武
丁酉	從魁	戊戌	河魁	己亥	登明	戊子	神后
巳		午		未		申	

壬			丁	
庚寅	青龍		丁酉	太陰
丙申	傳送		己丑	大吉
辰			酉	
辛			戊	
壬辰	勾陳		己亥	天后
乙未	小吉		庚寅	功曹
卯			戌	

庚		己		戊		己	
辛卯	六合	甲午	朱雀	癸巳	螣蛇	己丑	貴神
甲午	勝光	癸巳	太乙	壬辰	天罡	辛卯	太沖
寅		丑		子		亥	

金口直斷

1. 問家宅：

家中有人當警察或在公檢法單位工作。

母親這個月身體不好，可能要開刀。

婚姻有問題，分離格，長期爭吵，今年最凶。

(寅午戌虛合火局。)

(子卯午三刑。)

(流年子水與將神、貴神午卯構成三刑，天干辛剋甲，課中見干剋方為妻動占婚主男嫌女，婚後亦有婚外情。歌訣：二木為爻求難得。)

應證：司徒先生的叔叔是警察；母親剛做完大腸瘜肉切除手術；與太太在今年和平分開。

2. 問兒子學業：

小孩的學習基礎打得不好。人很聰明，但近期成績下滑比較快。過了農曆五月才有起色。最好為他找生肖屬虎、狗、羊的老師補課。

(貴神午火為學業落丑宮，地分丑空亡。)

(貴神甲午為用，自生為吉，但太歲、月令子卯午構成三刑格局，又見二火為災百事殘。)

(時辰甲午臨用神起幫扶作用。歌訣：二土比和遲晚看。)

應證：兒子上初中後沉迷手機遊戲，成績跟不上進度，父母因本身的感情問題忽略了對他的管教。

3. 問官司：

你被人合謀騙去錢財，要打官司。

(貴神戊土為用神落巳宮，將神財位、地分副財位巳酉形成半三合金局，泄貴神戊土的財氣。)

應證：司徒先生和朋友合資買了一批貨，轉手後對方竟然說貨被海關扣查，核實過證明並無此事，對方現在不肯還錢，態度十分惡劣。

(日辰合酉沖戌。打官司貴神為己，人元為客，現貴神剋人元為我勝他負。只要找一位屬狗的律師，就可以把損失減到最低。因戌酉相害，戌剋癸，戊癸天干相合，一切對當事人有利。)

後記

本書為「大六壬金口訣」高級培訓班教材，重點在拓展廣大學員的思維能力，盡量精簡與客人的對話和事情經過，所以它既沒有迂迴曲折或氣勢磅礴的畫面，也沒有柔情似水和蕩氣回腸的感人故事，只有靈活的斷卦技巧，使用不厭其煩的重複風格來解讀「干、神、將、方」的象意組合，摒棄暗澀難懂的字句。本人還詳細公開流年、流月、流日的應用方法，同時將揭秘貫穿於實踐操作之中。迄今為止，此屬「金口訣」界的首次，務求令每位學員都有所收穫。由於成書倉卒，錯漏在所難免，希望各位老師和易友批評斧正。

感謝浩瀚師父多年來的悉心指導，口傳心授，恩同再造，弟子定必遵從師訓，承先啟後以眾生得益為己任，願祖傳廣播，福澤八方。

大六壬金口訣實學實用全冊

編著
雲易揚
編委
雲易揚、雲素蕎
責任編輯
魏子樺
美術設計
DASHTOP Design & Advertising
出版者
圓方出版社
香港北角英皇道 499 號北角工業大廈 20 樓
電話：2564 7511
傳真：2565 5539
電郵：info@wanlibk.com
網址：http://www.wanlibk.com
http://www.facebook.com/wanlibk

發行者
香港聯合書刊物流有限公司
香港荃灣德士古道 220-248 號荃灣工業中心 16 樓
電話：2150 2100
傳真：2407 3062
電郵：info@suplogistics.com.hk

承印者
美雅印刷製本有限公司
香港九龍觀塘榮業街 6 號海濱工業大廈 4 樓 A 室

規格
16 開 (240mm X 170mm)

出版日期
二Ｏ二五年五月第一次印刷

Published in Hong Kong, China by Forms Publications,
a division of Wan Li Book Company Limited.
ISBN 978-962-14-7627-2